ずるいほどにキレイになれる

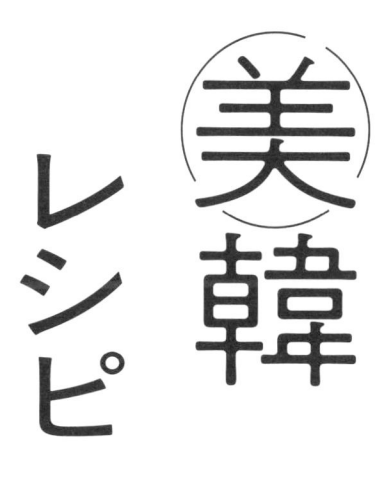

美韓
レシピ

Atsushi

主婦の友社

たくさんの思い入れが詰まった13冊目の書籍になります。
この本を手にとってくださったすべての皆さまに心より感謝申し上げます。

2017年12月、初のレシピ本となる『#モデルがこっそり飲んでいる３日で２kg やせる魔法のスープ』が出版されました。ありがたいことにたくさんのかたに手にとっていただき、以来、毎年２〜３冊のレシピ本をハイペースで出版するというサイクルになりました。同時に多くの雑誌、テレビ、WEB、ラジオでもレシピをとり上げていただき、１カ月で100レシピを作ることもあったほどです。
一つ一つのレシピは、もちろん毎回一生懸命作っているのですが、美容の仕事などとの同時進行で常に締め切りに追われ、新しいレシピを作ることが「こなす」という感覚になることもありました。

2022年秋、12冊目の書籍を出版し、本づくりは少し休みたいなと考えていたころにいただいたのが、この韓国美肌ダイエットレシピ本の企画でした。
「薬食同源」の考え方が根づいている韓国料理は大好きですし、ソウル、プサンと数多く渡韓しているほどの韓国好きでもある。「絶対にやりたい!!!」と即答しましたが、わがままを言って制作を１年間待っていただくことになりました。
その間にこの本の企画立案をしてくださった編集の小川さんが異動され、企画自体が振り出しに戻りそうな状態になりましたが、もともと小川さんあっての企画ですし、この本は絶対にやりたかったこともあり、主婦と友社の皆さまに、部署の垣根を越えて連携いただき、本書の制作がスタートしました。

事前にソウルに二度渡り、本場の韓国料理を改めてリサーチするところから始めました。レシピ制作により時間をかけ、「こなす」レシピではなく、韓国料理の奥深さを感じながら、心より満足できる簡単でおいしいレシピをひとつひとつ作り上げました！
そのレシピたちを、今まで何度も書籍や雑誌でご一緒させていただいている最高のスタッフの皆さまに、１ページ１ページ素敵に仕上げていただきました。
オーソドックスな料理からオモニの味・家庭料理まで、さまざまな韓国料理に美肌食材をかけ合わせて、美容にもダイエットにも効果が期待できるレシピばかりです。ぜひ楽しんでいただけたらうれしいです。

Atsushi

contents

Chapter **1**

コラーゲンたっぷり
うるおいレシピ

COLUMN
本当は秘密にしたい愛用品 **PART1**
韓国美食アイテム

Chapter **2**

抗酸化力を強化
透明感アップレシピ

COLUMN
本当は秘密にしたい愛用品 **PART2**
韓国美容アイテム

Chapter **3**

ビタミンチャージ
ターンオーバーレシピ

Chapter **4**

「酸化」「糖化」知らず
エイジングケアレシピ

Chapter **5**

老廃物にアプローチ
むくみすっきりレシピ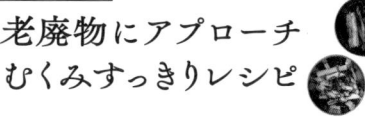

※掲載されている食品やコスメなどの商品はすべて税込み価格です。
※掲載情報は2023年12月時点のものであり、変更となる場合があります。

Shop list

〈美食アイテム〉
生活約束 公式 Qoo10店
https://www.qoo10.jp/shop/lifepharm
SHAKE BABY_official Qoo10店
https://www.qoo10.jp/shop/shakebaby
Qoo10
https://www.qoo10.jp/
NaturegardenShop 公式 Qoo10店
https://www.qoo10.jp/shop/NaturegardenShop_SG_jp
K-FOOD Official Store Qoo10店
https://www.qoo10.jp/shop/K-FOODOfficialStore

〈美容アイテム〉
メディヒール公式 Qoo10店
https://www.qoo10.jp/shop/mediheal_official
VELY VELY 公式 Qoo10店
https://www.qoo10.jp/shop/VELYVELY
Qoo10
https://www.qoo10.jp/
INNISFREE 公式ストア
https://www.innisfree.jp/

「美肌」「やせる」「腸活」……
キレイを叶える韓国料理

韓国料理は、なぜダイエットや美肌、腸活にいいの？
その8つの理由を紹介します。

Point 1

これでもか！というほど
野菜が多く、ビタミンや
ミネラルがとれる

韓国人の野菜の摂取量は1日あたり約600gといわれ、これは日本人の約2倍もの量。実際、韓国料理店に行くと、注文した料理とは別に必ずパンチャンという、キムチやナムルのような野菜をたっぷり使ったいろいろな種類のおかずの小皿が並びます。さらに、焼き肉ならサンチュやレタスのような葉野菜に包んで食べたり、ビビンバなら半分以上が野菜だったりというように、主菜にも野菜がたっぷり。そのため便秘改善によい食物繊維や、代謝を助けるビタミンやミネラルをしっかりとることができ、ダイエットや美肌、腸活に効果的なのです。

Point 2

たんぱく質をしっかりとれて、
筋肉を落とさずにやせられる

日本人の食生活では、ごはん、パンや麺など、食事が炭水化物に偏ることも多く、こういう食事が多いとたんぱく質が不足ぎみに。たんぱく質は筋肉や臓器、肌、髪、爪などのほか、ホルモンや代謝酵素などの材料にもなるので、不足するとやせにくくなり、肌トラブルの原因になります。韓国料理には、焼き肉やサムゲタン、サムギョプサルなどの肉料理が多いうえ、魚介類やとうふを使った料理も多いので、たんぱく質をしっかりとることができます。筋肉を落とさず健康的にやせられ、美肌もキープできます。

Point 3

発酵食品を必ず食べるから
毎食、腸の大掃除ができる

韓国では、発酵食品を多くとるのも特徴。その代表であるキムチは、韓国の食卓に必ず並びます。また、韓国の伝統的なカンジャン（しょうゆ）、テンジャン（みそ）、コチュジャン（とうがらしみそ）のような発酵調味料もよく使われます。お酒のマッコリも発酵食品で、こうした発酵食品からは乳酸菌や麹菌などをとることができ、腸内環境がととのいます。腸の大掃除ができるので、ぽっこりおなかや便秘が原因の吹き出物が改善。栄養素の吸収力も高まって美肌も期待できます。

Point 4

真っ赤な料理から
カプサイシンをとることで、
脂肪の燃焼が促され、血行も促進

韓国料理には、キムチチゲやカムジャタ
ン、ヤンニョムチキンなど辛い料理が多
いのも特徴。韓国は北から来る寒気の影
響を受け、非常に寒い地域なので、古く
から、体が温まる辛いものが食べられる
ようになったといわれています。これら
の辛い料理によく使われるとうがらしの
辛み成分であるカプサイシンには、脂肪
の燃焼を促す効果が。そのため食べても
太りにくくやせやすくなり、血行が促進
されて新陳代謝もよくなるので透明感の
高いツヤ肌になるのです。

Point 5

1食で多種類の食品をとるから
栄養バランスがととのい、
体が健康に

Point 1でも紹介したように、韓国料理店に行くと、いろいろ
な種類のパンチャンが並びます。また、家庭では、保存できて
いつでも手軽に食べられるミッパンチャン（常備菜）が作りおき
され、これが韓国のオモニ（おふくろ）の味。ミッパンチャンに
は、チョリム（煮物）、ポックム（いため物）、ムチム（あえ物）、
チャンアチ（漬け物）などさまざまな種類があり、これが主食や
主菜、汁物などとともに日々の食卓に並びます。必然的に多種
類の食品をとることになり、栄養バランスがととのうので、健
康にも美容にもよいのです。

Point 6

スープやなべ物など温かい汁物が多いので、
代謝がアップしてダイエット＆美肌に効果的

韓国では、寒く乾燥した風土の影響で、スープやなべ物をよく
とる習慣が根づいたといわれています。スープなら、わかめス
ープ、サムゲタン、コムタン、ユッケジャン、ソルロンタンな
ど、なべ物ならタッカンマリ、カムジャタン、プデチゲなどと
いうように、とにかく種類が豊富です。食べているだけで体が
ポカポカと温まって代謝がアップ。血流がよくなって、ダイエ
ット＆美肌をサポートしてくれます。水分をしっかりとれるの
で便秘も改善します。

Point 7

薬食同源の考えをもとに
食から健康を意識することで、
体調がととのう

韓国の食文化には、「薬食同源」という考え方がベースにありま
す。これは、食べるものは薬と同じという意味で、よい食品を
とると健康になるという考え方です。また、「五味五色」といっ
て、一度の食事でなるべく五つの色の食べ物を、五つの味つけ
で調理するのがよいとされています。そのため、栄養バランス
がよく、体調をととのえることができるのです。（※詳しくは
94ページ参照）

Point 8

骨ごと使う料理が多いので、
コラーゲンをたっぷり摂取できて
肌がプルプルに

韓国料理には、ソルロンタン(牛の骨や肉を煮込んで作るスープ)や、カムジャタン(豚のしっぽと背骨を煮込んだスープ)など、骨ごと使った料理が多いのも大きな特徴。骨や骨のまわりにはコラーゲンが多いので、これらの料理からは骨からとけ出したコラーゲンをたっぷりとることができ、肌がしっとりプルプルに。

美容効果を高める
Atsushi流・韓国料理の秘密

Atsushi流・韓国料理は、一般的な韓国料理のメリットに加えて、
ダイエットや美肌、腸活によい工夫がいっぱい！ その秘密を紹介します。

理想を叶える食材の組み合わせで、なりたい肌に近づく

本書では「うるおい」「透明感アップ」「ターンオーバー」「エイジングケア」「むくみすっきり」の5章に分け、その章ごとの目的を叶える食材を複数組み合わせた料理を紹介しています。自分の目的に合わせてとり入れることで、なりたい肌に近づきます。

糖質が多い食材は最小限に！ 低糖質、低GI食材に代えているから太りにくい

韓国料理には小麦粉や米など糖質が多いものがよく使われますが、Atsushi流・韓国料理は、糖質が多い食材を極力カット。チヂミの小麦粉をオートミールに代えたり、麺料理なら血糖値が上がりにくい低GIの十割そばを使ったりすることで糖質を抑えています。

うまみ成分のかけ合わせでおいしく仕上がる

食材のうまみ成分は、2種類以上かけ合わせるとおいしさが格段にアップするという法則があります。Atsushi流・韓国料理では、たとえば、イノシン酸といううまみ成分が含まれる牛肉を使う料理には、グアニル酸という別のうまみ成分が含まれるしいたけを組み合わせるというように、異なるうまみ成分を含む食材をかけ合わせています。そのため味わい深く、おいしい仕上がりになるのです。

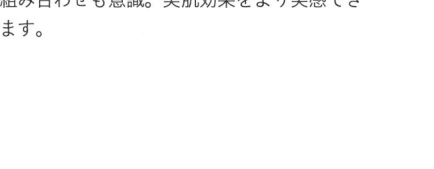

피부미용 효과 업

栄養素の働きを高める食材で美肌効果がアップ

コラーゲンが含まれる牛すじ肉や鶏肉などを使う料理には、コラーゲンの合成を助けるビタミンCが豊富なレモン果汁を最後にしぼるというように、栄養素の働きを高める食材の組み合わせも意識。美肌効果をより実感できます。

全レシピ砂糖不使用美容食材をとり入れ、美肌効果と味の新鮮さを叶える

一般的な韓国料理ではあまり使わないブロッコリースーパースプラウトや豆苗、カリフラワーなどの美容によい栄養素が豊富な食材をあえて使用。美肌効果に加え、従来の韓国料理とはひと味違った、新感覚の味わいも楽しめます。

무설탕

砂糖の代わりにはちみつを使って腸活効果を高める

Atsushi流・韓国料理は、砂糖は使わず、代わりにはちみつを使っているのも特徴。はちみつは、砂糖と同じ糖質ですが、エネルギーも糖質量も砂糖より低め。さらに、はちみつには、腸内の善玉菌の餌になるオリゴ糖が含まれているので、腸内環境をととのえることができ、健康にも美肌にも効果的です。

キレイをつくる
韓国美容のスタメン食材

韓国料理に欠かせない食材や調味料の中から、
特に美と健康によいスタメンを紹介。
この本の料理でもふんだんに使っています!

腸内環境 改善

韓国はるさめ

日本産はるさめはじゃがいも、中国産は緑豆のでんぷんが原料ですが、韓国はるさめはさつまいものでんぷんが原料。やわらかくもっちり感があり、日本産や中国産のはるさめより糖質、カロリーともに低め。

キムチ

生きたまま腸に届く力が強い、植物由来の乳酸菌を多く含むキムチ。腸内環境をととのえるのに効果的。脂肪の燃焼を促すカプサイシンも含有。(※詳しくは76ページ参照)

ダシダ

牛骨のエキスに、玉ねぎやにんにくなどを配合して作られた韓国の粉末調味料。牛骨のうまみがきいた深いコクがあり、料理に加えると本場の韓国料理のような仕上がりに。スープやいため物など幅広く使えます。

※本書ではダシダを使用していますが、ほかの牛肉だしのもとを使ってもOKです。

韓国のり

韓国のりは塩とごま油で味つけしてあり、風味が豊か。抗酸化作用が強いβ-カロテン(ビタミンA)やビタミンCが多く、料理にちょい足しするだけでエイジングケア効果がアップ。

ごま油

ナムルやビビンバ、キンパとあらゆる韓国料理に使われるごま油。韓国産ごま油は日本のものより濃厚。現地の市場ではしぼりたても売られています。抗酸化作用が強いビタミンEやセサミンなどが豊富。

使用하기 편한 가루타입

粉とうがらし

とうがらしを乾燥させて粉末にした韓国特有の調味料。あらびきや細びきなどがあり、あらびきのほうが辛さがマイルド。粉末なので風味が料理全体になじみやすく、使いやすいのが魅力。

乾燥とうがらし

韓国料理によく使われる乾燥とうがらし。韓国産は日本のものより大きく肉厚で、辛さがマイルド。辛さの中に甘みとうまみがあります。脂肪を燃焼させる効果のあるカプサイシンを含有。

コチュジャン

適度な辛みと甘み、コクが特徴のみそ。もち米を麹で糖化させ、粉とうがらしを加えて熟成させて造る発酵調味料です。腸活によく、カプサイシンがとれるので代謝アップ効果も。

더 맛있게!

すりごま

韓国料理では、すりごま、いりごまともによく使われ、料理に加えると香ばしさが加わります。すりごまは皮が砕かれている分、栄養素の体への吸収率が高いのが特徴。ビタミンEやセサミンを含有。

マッコリ

朝鮮半島発祥の、米や小麦を原料とした発酵アルコール飲料。白濁した色で、乳酸菌飲料のような酸味と甘みがあり、飲みやすいのが特徴。乳酸菌が豊富なので腸活に効果的。非加熱処理で乳酸菌が生きている生マッコリがおすすめ。

Atsushiの韓国料理

効果バツグンの取り入れ方

レシピを組み合わせて
自分好みのパンチャン作りを

この本では、メインになる主菜と、作りおきもできる副菜、麺やごはん物などの主食、スイーツなどを紹介しています。時間があるときに副菜を作りおきし、韓国のパンチャンのように主菜や主食と組み合わせて食べると、1食で多くの栄養素をとることができておすすめです。

各章のなりたい肌に合わせて
料理を組み合わせると効果的

この本で紹介する料理は、章ごとに美容効果が分かれています。乾燥肌が気になるなら、1章の「うるおい」の料理から主菜と副菜を作って組み合わせるというように、同じ章のものを組み合わせると、より効果が高まります。全体的にとにかく美肌になりたい！というかたは、どの章からピックアップしてもOKです。

とにかくやせる！に特化したい人は
朝食はフルーツ＆水分だけにして、
昼と夜に韓国料理を

とにかくやせたい人は、朝は旬のフルーツと水分だけにするAtsushi式ブレイクファストにするとより効果的です。朝は排泄の時間といわれているので、排泄に重点をおくことが大切。フルーツには消化や代謝を助ける酵素が豊富で消化が早いので、胃腸が休まり、排泄機能が高まってデトックスが促進。また、無農薬のレモンやすだちなどを入れたミネラルウォーターもたっぷり飲んで、さらに排泄作用を促します。そして昼や夜に、本書の韓国料理をとり入れれば、ダイエット効果大！

本書の使い方

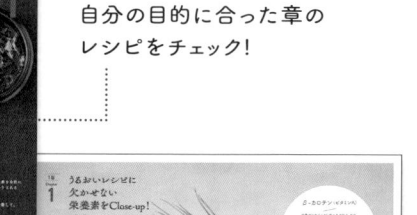

各章は美容効果別になっています。
自分の目的に合った章の
レシピをチェック!

章ごとの美容効果に合わせた
栄養素を紹介しています。
各章でこれらの栄養素がとれる
レシピを紹介しています。

料理ごとに美容効果の
ポイントを紹介しています。

本書のルール　・大さじ1＝15㎖、小さじ1＝5㎖です。
　　　　　　　・個数や重量は目安です。
　　　　　　　・野菜類は、洗う、皮をむく、へたや種をとる、石づきをとるなど、
　　　　　　　　基本的な作業は省略しています。適宜行ってください。
　　　　　　　・電子レンジの加熱時間は500Wの場合を基本としています。お持ちの電子レンジの
　　　　　　　　機種やワット数によって、様子を見ながら加熱時間を調整してください。
　　　　　　　・酢は米酢を使っています。
　　　　　　　・ごま油は、日本のごま油を使っていますが、韓国のごま油でもOKです。
　　　　　　　・チューブにんにく、チューブしょうがは、チューブタイプのおろしにんにく、おろし
　　　　　　　　しょうがのことです。
　　　　　　　・本書では乾燥赤とうがらしのことを「乾燥とうがらし」と表記しています。
　　　　　　　・オートミールはクイックオーツを使用しています。
　　　　　　　・火かげんは特に指定のないかぎり、中火で調理しています。

コラーゲンたっぷり

うるおい
レシピ

日常的に韓国料理を食べている人の肌が
しっとりプルプルなのは、
ふだんの食事で、肌のうるおいに必要な栄養素を自然に
とり入れているから。そんな栄養素がしっかりとれる
韓国料理をAtsushi流にアレンジして、
さらにうるツヤ効果を高めた10品を紹介。
おいしく食べて、肌のカサつきを根本から改善して。

うるおいレシピに
欠かせない
栄養素をClose-up！

みずみずしくしっとりとうるおった肌を叶えるのは、
この4つの栄養素。これらの栄養素が不足すると、
肌のカサつきや小ジワを招くからしっかり補給して。

コラーゲン

コラーゲンは、肌の奥でハリや弾力を
維持する役割がある真皮の約70％を構
成する成分。肌にうるおいや弾力を与
える働きがあります。ビタミンCと一
緒にとると体への吸収率がアップ。
多く含まれる食品／牛すじ肉、鶏肉、
スペアリブ、豚肉、さば、うなぎなど

ビタミンC

肌のうるおいや弾力を保つコラーゲン
の生成を促進。抗酸化作用が強く、シ
ミやシワなどの老化を防ぐ働きも。
多く含まれる食品／レモンなどの柑橘
類、にら、青ねぎ、ブロッコリー、小
松菜、パプリカなど

β-カロテン（ビタミンA）

体内でビタミンAに変わるのがβ-カロテン。皮膚や粘膜を健康に保ち、肌の角質層の天然保湿因子（NMF）の生成を促す働き、ターンオーバーを正常にする働き、コラーゲンをふやす働きや、抗酸化作用などがあります。脂溶性ビタミンなので油と一緒にとると吸収率がアップ。

多く含まれる食品／青じそ、にんじん、しゅんぎく、ほうれんそう、かぼちゃ、にら、三つ葉、小松菜、水菜、のりなど

大豆イソフラボン

大豆に含まれるポリフェノールの一種。女性ホルモンの「エストロゲン」と似た働きをし、新陳代謝を促進。肌の弾力を保つコラーゲンをふやす働きもあります。

多く含まれる食品／大豆のほか、豆乳、とうふ、納豆などの大豆製品

タッカンマリ風スープ

鶏一羽をなべで煮る料理タッカンマリを、鶏手羽元で手軽に再現。
じっくり煮込むのでコラーゲンとうまみがたっぷり！

材料（1〜2人分）

鶏手羽元… 4本
ねぎ… 1本
油揚げ…⅔枚
にんにく… 1かけ
しょうが…20g
ダシダ…小さじ2
酢…大さじ1
酒…大さじ1
塩…少々
青ねぎ…少々
レモン…¼個

作り方

1 ねぎは斜め切り、油揚げは1cm幅に切る。にんにくはつぶす。しょうがは皮ごと薄切りにする。青ねぎは小口切りにする。

2 なべに青ねぎ、塩、レモン以外の材料と水700〜800mℓを入れて火にかけ、沸騰したらアクをとり、ふたをして弱火で1時間以上煮込む。（※水分が少なくなったら足す）

3 塩で味をととのえ、器に盛る。青ねぎを散らし、レモンをしぼる。

Point!

鶏手羽元を1時間以上煮込むことで、スープに骨から出たコラーゲンがたっぷりとけ込む。最後にしぼるレモンのビタミンCで、コラーゲンの吸収率がアップし、肌がプルプルに。

キムチチゲ

韓国の定番の家庭料理、キムチチゲ。
キムチの酸味＆ピリ辛味に、豚肉や
まいたけのうまみが加わった奥深い
味わい。体もポカポカに。

材料（1人分）

豚バラ薄切り肉…100g
白菜キムチ…80g
玉ねぎ…¼個
まいたけ…20g
木綿どうふ…80g
ごま油…小さじ1
A┃ダシダ…小さじ2
　┃チューブにんにく…小さじ1
　┃酒…小さじ2
　┃粉とうがらし（あらびき、
　┃　細びき）…各小さじ1
　┃こんぶだしのもと…小さじ1
青ねぎ…10g

作り方

1 豚肉は食べやすい大きさに切る。玉ねぎは薄切りにし、まいたけは裂く。青ねぎは小口切りにする。とうふは食べやすい大きさに切る。

2 なべにごま油を熱し、豚肉、キムチ、玉ねぎを入れていためる。

3 肉の色が変わったら水200mℓを加え、沸騰したらアクをとり、まいたけ、とうふ、Aを加え、ひと煮立ちさせる。

4 器に盛り、青ねぎを散らす。

Point!

豚バラ肉はコラーゲンをとれる食材。コラーゲンの吸収率を高めるビタミンCを含む青ねぎや、コラーゲンの生成を助けるイソフラボンを含むとうふも使用。体が温まり新陳代謝も促進。

鶏手羽元の
チーズタッカルビ

鶏肉と野菜を甘辛だれでいため、チーズをプラス。辛さの中に
かぼちゃの甘みやチーズのコクが加わり、あとを引くおいしさ。

材料（2人分）

鶏手羽元…4本
かぼちゃ…100g
玉ねぎ…¼個
ピザ用チーズ…50g
ごま油…小さじ2
A　粉とうがらし（あらびき、
　　　細びき）…各小さじ1
　　ダシダ…小さじ2
　　みりん…大さじ1
　　コチュジャン…大さじ2
　　はちみつ…大さじ1
　　チューブにんにく
　　　…小さじ2
　　チューブしょうが
　　　…小さじ1
　　すり白ごま…大さじ1
　　塩…少々
レモン…¼個

作り方

1 Aはまぜ合わせる。玉ねぎとかぼちゃはそれぞれ1cm厚さに切る。

2 フライパンにごま油を熱し、手羽元、玉ねぎ、かぼちゃをいためる。

3 全体に火が通ったらAを加え、まぜ合わせる。

4 耐熱容器に入れ、チーズを散らし、ラップをかけずに電子レンジでチーズがとけだすまで30〜45秒加熱する。

5 レモンをしぼる。

Point!

コラーゲンが多い鶏手羽元、肌のターンオーバーを促すビタミンAを含むチーズやβ-カロテンを含むかぼちゃ、コラーゲンの吸収率を高めるビタミンCを含むレモンを使用。粉とうがらしで新陳代謝も促進。

牛肉と大根の豆乳スープ

牛肉のうまみがとけ込んだ豆乳ベースの
スープが絶品。これ一皿で大満足。

材料（1人分）

牛肩ロース肉…100g
大根…100g
にんじん…40g
乾燥とうがらし…½本
ごま油…小さじ2
酢…大さじ1
酒…大さじ1
おろしにんにく、おろししょうが
　…各小さじ1
豆乳（調製）…100㎖
鶏ガラスープのもと…小さじ2
三つ葉…1株

作り方

1 牛肉は1cm幅に切る。大根はいちょう
　切り、にんじんは半月切りにする。三
　つ葉、とうがらしはあらく刻む。

2 なべにごま油を熱し、とうがらし、牛
　肉、大根、にんじんをいためる。

3 水150㎖を加え、ひと煮立ちさせ、ア
　クをとり、酢、酒、にんにく、しょう
　がを加え、弱火にしてふたをし、10分
　ほど煮込む。

4 豆乳、鶏ガラスープのもとを加え、ひ
　と煮立ちさせる。

5 器に盛り、三つ葉をのせる。

牛肉とわかめ、ほうれんそうのスープ

韓国料理の定番、牛肉とわかめのスープ。
うまみ成分がかけ合わさった深みのある味わい。

Point!

牛肉のコラーゲンの吸収率をレモンを使ってアップ。β-カロテンが多いほうれんそうも使用。

材料（1人分）

牛薄切り肉…100g
しめじ…50g
ほうれんそう…20g
乾燥わかめ…5g
ごま油…小さじ2
A｜ダシダ…小さじ2
　｜酒…小さじ2
　｜おろしにんにく、
　｜　おろししょうが…各小さじ1
　｜すり白ごま…大さじ1
レモン…¼個

作り方

1 牛肉は食べやすい大きさに切る。しめじはほぐす。ほうれんそうは1cm長さに切る。わかめはぬるま湯でもどす。

2 フライパンにごま油を熱し、牛肉をいためる。

3 肉の色が変わったら水200mℓ、しめじを加え、沸騰したらアクをとり、わかめとほうれんそう、Aを加えひと煮立ちさせる。

4 器に盛り、レモンをしぼる。

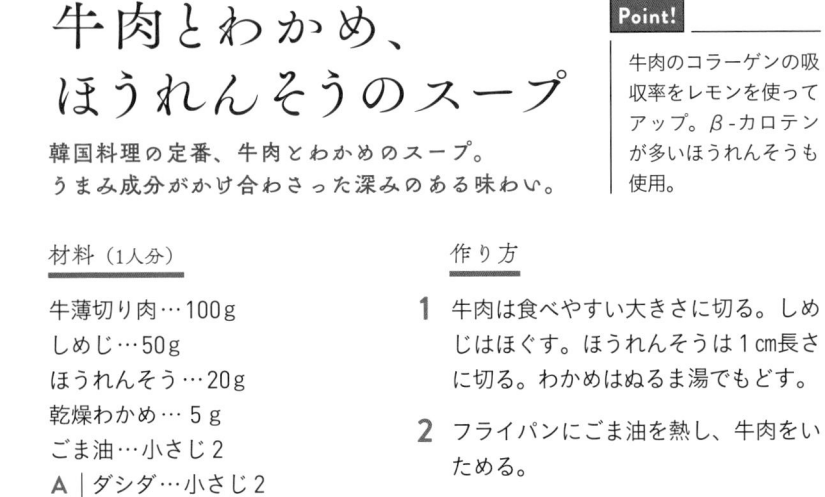

27

材料（2人分）

豚スペアリブ…200g
しいたけ…2個
玉ねぎ…½個
ピーマン…1個
しょうが…10g
にんにく…1かけ
乾燥とうがらし…1本
A｜ダシダ…大さじ1
　｜しょうゆ…大さじ1
　｜バルサミコ酢…大さじ5
　｜みりん…大さじ1
　｜酒…小さじ2
三つ葉…1株

作り方

1　しいたけは薄切り、玉ねぎは1㎝厚
　さのくし形切り、しょうがは薄切り
　にする。ピーマンは縦6等分に切
　る。三つ葉はあらく刻む。にんにく
　はつぶす。

2　なべに水300㎖を入れて火にかけ、
　沸騰したらA、スペアリブ、しいた
　け、玉ねぎ、ピーマン、しょうが、
　にんにく、とうがらしを加え、アク
　をとりながら弱火で30分ほど煮る。

3　器に盛り、三つ葉をのせる。

Point!

スペアリブにはコラーゲンが豊富。ビ
タミンCを含む三つ葉やピーマンを組
み合わせてその吸収率をアップ。しょ
うがやとうがらしによって新陳代謝も
促され、肌のうるおいをサポート。

スペアリブの
チャンジョリム

韓国の定番おかず、チャンジョリム
（牛肉のしょうゆ煮）を、コラーゲン豊
富な豚のスペアリブで作る一皿。
濃厚なコクとうまみを堪能して。

やわらかポッサム

ゆでた豚肉を薬味や調味料とともに葉野菜で巻いて食べる料理がポッサム。甘辛いサムジャンを使うとより本場に近い味に。

材料（1〜2人分）

豚バラかたまり肉…200g
ねぎ（白い部分）…½本
フリルレタス…適量
塩麹…大さじ3
サムジャン（韓国のみそ。
　なければみそ）…適量

〈ゆで汁〉
水…1.2ℓ
酒…50㎖
酢…大さじ2
みそ…大さじ1
ねぎ（青い部分）…½本
玉ねぎ（薄切り）…½個
しょうが（薄切り）…20g
にんにく（つぶす）…5かけ

〈ねぎサラダ〉
ねぎ（白い部分）…½本
A ┃ ごま油…小さじ1
　 ┃ すり白ごま…小さじ1
　 ┃ 酢…小さじ1
　 ┃ 塩…少々
　 ┃ 一味とうがらし…少々

作り方

1 豚肉をフォークで突き刺し、全体に穴をあける。ねぎサラダ用でないほうのねぎは斜め切りにする。

2 ファスナーつき保存袋に1の豚肉、塩麹を入れてもみ込み、冷蔵室に1時間（できれば3時間）おく。

3 なべにゆで汁の材料をすべて入れて火にかけ、沸騰したら2の肉と1のねぎを加えて、最初の10分は中火で、その後アクをとりながらふたをして弱火で40分ゆでる。

4 ねぎサラダは、ねぎをせん切りにしてAとあえる。

5 3の肉をとり出してあら熱がとれたら1cm厚さに切り、4、食べやすい大きさにちぎったフリルレタスとともに器に盛る。サムジャンを小皿に入れて添える。

Point!

コラーゲンが豊富な豚バラかたまり肉を、ビタミンCを含むねぎサラダやフリルレタスと巻いて食べることで、コラーゲンの体への吸収率がアップ。豚肉はゆでると脂が落ちるのでヘルシー。

牛すじとねぎのスープ

牛すじの深いうまみとコラーゲンがとけ込んだ
コクうまスープ。肌がしっとりトゥルトゥルに。

材料（1人分）

牛すじ肉…200g
ねぎ（青い部分、白い部分）
　…各50g
しいたけ…2個
しょうが…10g
にんにく…1かけ
酒…大さじ1
A｜鶏ガラスープのもと
　｜　…小さじ2
　｜こんぶだしのもと
　｜　…小さじ2
レモン…1/8個

作り方

1 なべに湯を沸かしてすじ肉を1分ほどゆ
で、アクが出たら、ゆで汁を捨て、ぬるま
湯でさっと洗う。

2 すじ肉を食べやすい大きさに切る。ねぎは
青い部分、白い部分ともに斜め薄切りにす
る。しいたけは軸を切り落とし、縦4等分
に切る。しょうがは皮ごと薄切りにする。
にんにくは包丁の腹でつぶす。

3 なべに水800㎖を入れて火にかけ、すじ肉、
ねぎの青い部分、しょうが、にんにく、酒
を加えて煮る。沸騰したら落としぶたをし
て、弱火にして2時間30分煮る（※水分が少
なくなったら足す）。

4 Aとしいたけを加え、ひと煮立ちさせたら、
ねぎの白い部分を加える。

5 器に盛り、レモンをしぼる。

牛すじのチャンジョリム

牛すじをしょうゆなどで煮込む韓国のオモニの味の定番。
うまみがしみ込んだ肉と野菜が、ほっこりとおいしい!

材料（1〜2人分）

牛すじ肉…250g
ねぎ（青い部分）…50g
大根…100g
にんじん…100g
しょうが…10g
にんにく…1かけ
酒…大さじ1
A｜しょうゆ、コチュジャン、
　　みりん…各大さじ1
　　鶏ガラスープのもと
　　　…大さじ1
　　こんぶだしのもと…小さじ2
　　すり白ごま…大さじ1
　　酢…大さじ1
レモン…¼個

作り方

1　なべに湯を沸かしてすじ肉を1分ほど
　　ゆで、アクが出たら、ゆで汁を捨て、
　　ぬるま湯でさっと洗う。

2　すじ肉を食べやすい大きさに切る。ね
　　ぎは斜め薄切り、大根はいちょう切
　　り、にんじんは乱切りにする。しょう
　　がは皮ごと薄切りにする。にんにくは
　　包丁の腹でつぶす。

3　なべに水700mℓを入れて火にかけ、す
　　じ肉、ねぎ、しょうが、にんにく、酒
　　を加えて煮る（※水分が少なくなったら足
　　す）。沸騰したら落としぶたをし、弱
　　火にして2時間煮る。

4　A、大根、にんじんを加え、さらに1
　　時間煮る。

5　器に盛り、レモンをしぼる。

Point!

コラーゲンが多い牛す
じ肉、ビタミンCを含
むねぎ、β-カロテン
を含むにんじんを使
用。根菜には食物繊維
が豊富。

厚揚げとさばの コチュジャンスープ

さばと厚揚を組み合わせたボリューム満点のスープ。
さばのうまみたっぷりで肌にも心にもうるおいをプラス!

材料（1人分）

厚揚げ…150g
さば水煮缶…100g（缶汁を含む）
小松菜…60g
にんじん…50g
酒…小さじ2
A│ダシダ…小さじ2
　│こんぶだしのもと
　│　…小さじ1
　│粉とうがらし（あらびき、
　│　細びき）…各小さじ1
　│コチュジャン…小さじ1
　│チューブにんにく
　│　…小さじ1

作り方

1 厚揚げは食べやすい大きさに切る。小松菜はあらく刻む。にんじんはせん切りにする。

2 なべに水200mlを入れて火にかけ、沸騰したら厚揚げ、にんじん、さば（缶汁ごと）、酒を加え、弱火にして10分煮る。

3 Aと小松菜を加え、ひと煮立ちさせる。

Point!

さばからコラーゲン、小松菜からビタミンC、にんじんからβ-カロテン、厚揚げからイソフラボンをとることができ、うるおいのある肌に導きます。とうがらしで新陳代謝も促進。

COLUMN

本当は秘密にしたい愛用品 PART 1

韓国美食アイテム

부종 예방에 최적

韓国のトップアイドルも飲んでいるむくみ予防サプリ

「韓国のトップアイドルも飲んでいることで人気の『氣分悛丸』という、むくみ改善によい小さな丸い粒状のサプリ。カリウムが豊富なビーツやかぼちゃ、モリンガのほか、生薬も配合。むくみが気になるとき、特に飛行機での移動時に飲んでおくとむくまないので旅の必需品です!」

蒼朮(そうじゅつ)や赤茯苓(あかぶくりょう)などの生薬、ビーツ、かぼちゃ、モリンガなどを配合。自然原料100%。生活約束 氣分悛丸コア 20包 4200円/生活約束 公式 Qoo10店

筋トレ後や小腹がすいたときに欠かせない、おいしいプロテイン

「筋トレをしたときや、小腹がすいたときに飲んでいるのが、韓国で大人気のSHAKE BABYというプロテイン。9種類のアミノ酸と12種類のビタミン・ミネラルもとれます。味が何種類もありますが、特にニューヨークチーズケーキ味がおいしい! 無調整豆乳をまぜて飲んでいます」

1杯で20gのたんぱく質が補える。サクサク食感のプロテインボール入り。シェイクベビー ハイプロテイン 700g 3980円/SHAKE BABY_official Qoo10店

韓国人の深夜のラーメンタイムにも欠かせない小豆茶

「顔のむくみ対策に飲んでいるのがこの小豆茶。韓国人は夜中にラーメンを食べることが多く、そんなときにこれを飲む人も多いとか。体内の余分な塩分を排出するだけでなく、便秘改善にも効果的。ティーバッグタイプで、専用のボトルは持ち歩きにも便利。ヴィーガン認証を取得した原料のみが使われているのもうれしポイントです」

韓国産小豆のほか、食物繊維たっぷりの7つの穀物も配合。塩分排出と腸の健康管理を同時に叶える。ヴィーガン認証取得。パッチェス 1箱14個入り/Qoo10にて購入可能

日々、韓国の最新美容事情にアンテナを張り、
美容にいいといわれる韓国アイテムは毎日とり入れています！現地の情報を知りたいので、
韓国に住んでいる友人におすすめアイテムを教えてもらうことも。
ここではふだん愛用しているアイテムの中から、特に効果を感じたものを厳選しました！
ぜひ、ご自分の体で効果を実感してみて！

면역력 향상

간편하게 단백질 섭취

紅参エキスがとれて免疫力アップ。疲労回復にも効果的！

「韓国人の多くが、健康維持のためにとっている紅参（こうじん）のサプリ。紅参には免疫力アップや疲労回復、記憶力改善、抗酸化作用、血流改善と多くの効果が。年齢的に疲れやすくなってきたので、毎日１本飲んでいます。液状なのでいつでもどこでもそのままスルッと飲めます」

高温蒸熟した白い高麗人参に麦飯石乾燥を施して作られる紅参のエキスのほか、13種類の生薬を配合。JUNG WONSAM ６年根高麗紅参365スティック 10g×30包（１箱10包入り×３箱セット）3599円（※写真は10包入りの１箱）／NaturegardenShop 公式Qoo10店

水を入れてシェイクするだけで、手軽にたんぱく質が補える

「韓国のコスメブランドVELY VELY（ブリーブリー）を手がけるインフルエンサーのイム・ジヒョンのインスタなどで人気に火がついたGOGOシェイクというプロテイン。おいしくて飲みやすく、手軽にたんぱく質を補えます。パックに粉末が入っていて水を入れ、シェイク。そのまま飲めるので、旅先にも持って行きます。さつまいも味が特に気に入っています」

１パックで１日に必要とされるたんぱく質の21％、食物繊維13％を補える。GOGOシェイク45g／Qoo10にて購入可能

生きて腸まで届く、キムチの乳酸菌がとれる最強ゼリー

「韓国の美容通の友人に教えてもらった、生きて腸まで届く力が強いキムチの乳酸菌がとれるゼリー。おやつ代わりに食べていますが、とにかくすごく出ます（笑）。砂糖不使用で、ナチュラルな成分しか使っていない点もお気に入り。もっちりした食感でおいしいです。１袋35kcalなので、ダイエット中の小腹がすいたときにもおすすめ」

韓国の発酵食品・キムチから分離したキムチ乳酸菌を配合。砂糖不使用、トランス脂肪酸・グルテンフリー。リブート　プロバイオティクス ゼリー27g×６個入り 2190円／K-FOOD Official Store Qoo10店

抗酸化力を強化

透明感
アップレシピ

韓国美人に近づくための大きなカギは、白く透明感が高い肌。
そんな色白美肌をつくるためにも大切なのは、
やはり毎日の食事です。そこで、この章では、
白く透明感の高い肌に導くAtsushi流・韓国料理10品を
紹介。シミを防ぐ食材を複数組み合わせているから
食べることで体の内側から輝く白い肌をめざせます。

透明感アップレシピに欠かせない栄養素をClose-up!

韓国ドラマのヒロインたちを見ていると、みんな肌がとにかく白くて透き通るよう。そんな輝く白い肌をつくるために必要なのが抗酸化成分。毎日の食事でしっかりチャージしよう。

ビタミンC

ビタミンCは、シミのもとになるメラニンがつくられる際に働く酵素の活性化を抑え、シミを防ぎます。できてしまったシミを薄くする働きもあります。
多く含まれる食品／レモンなどの柑橘類、にら、青ねぎ、ブロッコリー、小松菜、パプリカなど

β-カロテン（ビタミンA）

β-カロテンは、摂取すると体内でビタミンAに変化。肌のターンオーバーを促す働きがあり、メラニン色素の蓄積を抑えてシミを防ぎます。
多く含まれる食品／のり、青じそ、にんじん、しゅんぎく、ほうれんそう、かぼちゃ、にら、ひじき、三つ葉、小松菜、水菜、オクラ、トマトなど

リコピン

リコピンはトマトなどに含まれる赤い色素成分。強い抗酸化作用があり、メラニンの生成を抑制してシミを予防します。多く含まれる食品／**トマト、すいかなど**

アスタキサンチン

アスタキサンチンには、ビタミンCの6000倍ともいわれる強い抗酸化作用があり、シミの原因となるメラニンの生成を抑えます。
多く含まれる食品／鮭、えび、かになど

アントシアニン

植物に含まれる青紫色の天然色素。抗酸化作用が強く、シミ予防のほか、目の機能回復にもよいとされています。多く含まれる食品／**ブルーベリー、紫キャベツ、紫玉ねぎ、なすなど**

鮭とえびのスープ

鮭とえびの深いうまみにトマトや酢の酸味、
コチュジャンの辛みが絶妙にとけ合った、
味わい深いスープ。体の冷えも撃退。

수족냉증 대책에도

材料（1人分）

鮭フレーク…20g
むきえび…50g
ミニトマト…6個
ねぎ…40g
酢…大さじ1
A｜鶏ガラスープのもと…小さじ2
　｜コチュジャン…小さじ2
　｜すり白ごま…大さじ1
　｜みりん…小さじ2
　｜酒…小さじ2
にら…10g

作り方

1 ミニトマトは半分に切る。ねぎは斜め薄切り、にらはあらいみじん切りにする。

2 なべに水200mℓを入れて火にかけ、沸騰したら鮭、むきえび、酢、にら以外の1を加え、弱火にして10分煮る。

3 Aを加えてまぜる。

4 器に盛り、にらを散らす。

Point!

鮭とえびから強力な抗酸化作用をもつアスタキサンチンをダブルで補給できる。トマトにはリコピン、にらにはβ-カロテンが含まれ、抗酸化成分をしっかりチャージできる一皿。

厚揚げとトマト、
ズッキーニのチョリム

厚揚げを使った食べごたえのあるチョリム（煮物）。
作りおきしていつもの食卓にプラスすると、
たんぱく質を補えて便利。さわやかな辛さが美味。

44

材料（1人分）

厚揚げ…150g
ミニトマト…8個
ズッキーニ…150g
にんにく…1かけ
干し桜えび…大さじ1
A｜コチュジャン…大さじ1
　｜みりん…小さじ2
　｜すり白ごま…大さじ1
　｜ナンプラー…小さじ2
ごま油…小さじ2

作り方

1　厚揚げは一口大に切る。ズッキーニ
　は5mm厚さの半月切り、にんにくは
　あらいみじん切りにする。

2　フライパンにごま油を熱し、にんに
　く、厚揚げ、ミニトマト、ズッキー
　ニをさっといためる。

3　水50㎖、A、桜えびを加え、まぜ合
　わせる。

4　弱火にして5分ほど煮る。

Point!

リコピン、β-カロテン、ビタミンCと
多くの抗酸化成分を含むトマトを使
用。ズッキーニにもビタミンCが含ま
れている。厚揚げからはたんぱく質を
補うことができ、美肌をサポート。

トマトとなすのナムル

抗酸化食材を3つ組み合わせた美白ナムル。
紫外線が強い季節の作りおきにぴったり。

一皿でリコピン、アント
シアニン、β-カロテン、
ビタミンCなどの抗酸化
成分がとれる。

材料（2人分）

トマト… 1個
なす…100g
ブロッコリースーパースプラウト
　…½パック
酒…小さじ1
A｜ごま油…小さじ1
　｜すり白ごま…大さじ1
　｜鶏ガラスープのもと
　｜　…小さじ1
　｜しょうゆ…小さじ1
　｜みりん…小さじ2
　｜チューブにんにく…小さじ1

作り方

1 トマトはくし形に切る。なすは食べや
すい大きさに切る。

2 耐熱ボウルになすを入れて酒を振り、
ラップをふんわりとかけ電子レンジで
2分加熱する。

3 1のトマト、残りの材料を加え、あえ
る。

紫玉ねぎとなす、緑黄色野菜のレモンチャンアチ

Point!

抗酸化成分を多く含む5つの野菜を使用。レモン汁を加えてビタミンCをさらにプラス。

色鮮やかな"映える"チャンアチ（漬け物）。
コクがあって歯ごたえもよく、止まらないおいしさ。

材料（作りやすい分量）

紫玉ねぎ…1/2個
なす…1個
ブロッコリー…150g
ミニトマト…6個
赤パプリカ(赤)…1/2個
にんにく…1かけ
乾燥とうがらし…1本
レモン…1/2個
A｜しょうゆ、黒酢、みりん…各大さじ4

作り方

1 紫玉ねぎはくし形切り、なすは半月切りにする。ブロッコリーは食べやすい大きさに切る。パプリカは5mm幅に切る。にんにくはあらいみじん切り、とうがらしは小口切りにする。

2 なべに水200mℓを入れて火にかけ、沸騰したらAを加える。

3 1とミニトマトを加え、ひと煮立ちさせたら火を止める。冷めたらレモンをしぼって加え、密閉容器に移して冷蔵室で冷やす。

トマトと豆苗のキムチサラダ

抗酸化食材を組み合わせたキムチ風味のサラダ。
磯の風味がきいたクセになるうま辛味。

材料（作りやすい分量）

ミニトマト…10個
豆苗…½パック
青じそ…5枚
ちりめんじゃこ…20g
干し桜えび…大さじ1
韓国のり（八つ切り）…5枚
A｜コチュジャン…小さじ2
　｜黒酢…大さじ1
　｜すり白ごま…大さじ1
　｜鶏ガラスープのもと…小さじ1
　｜みりん…小さじ1
　｜おろしにんにく…小さじ1
　｜粉とうがらし（あらびき）
　｜　…小さじ1

作り方

1 ミニトマトは半分に切る。豆苗は3cm
　長さに切る。青じそはせん切りにす
　る。のりはちぎる。

2 ボウルにAを入れてまぜ合わせ、1、ち
　りめんじゃこ、桜えびを加えてあえる。

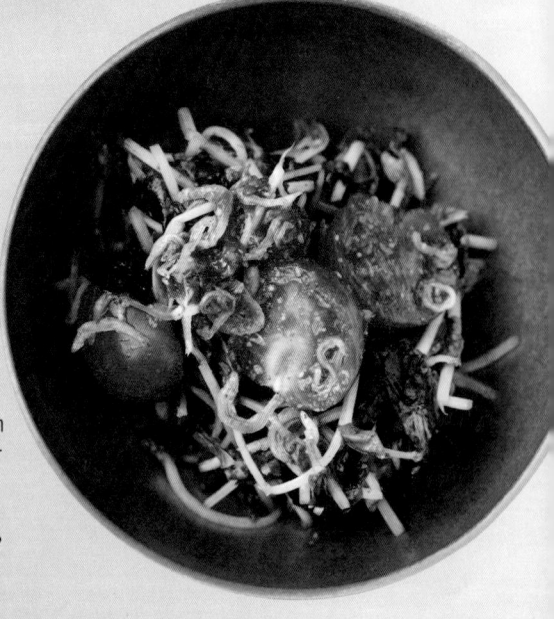

ムセンチェ

ムセンチェ（せん切り大根の即席キムチ）に、
抗酸化食材をプラスして美白効果をアップ。

材料（作りやすい分量）

大根…200g
青じそ…10枚
紫玉ねぎ…½個
にら…20g
A｜粉とうがらし（あらびき、
　｜　細びき）…各小さじ1
　｜ごま油…小さじ1
　｜チューブにんにく、塩麹
　｜　…各小さじ1
　｜ナンプラー…小さじ1
　｜はちみつ…小さじ1
　｜酢…小さじ2
　｜すり白ごま…大さじ1
　｜塩…少々

作り方

1 大根、青じそはせん切
　りにする。にらは3cm
　長さに切る。紫玉ねぎ
　は薄切りにしてさっと
　水にさらす。

2 大根と紫玉ねぎをボウ
　ルに入れて塩もみ（分
　量外）し、水けをしぼる。

3 青じそとにら、Aを加
　えてまぜ合わせる。

トマトとりんごのキムチ

透明感の高い肌をつくる4つの食材を使った個性
派キムチ。りんごの甘ずっぱさがアクセントに。

Point!

リコピンやりんごポリ
フェノール、β-カロテ
ン、ビタミンCなどの
抗酸化成分がとれる。

2章　透明感アップレシピ

피부 투명감 업

材料（作りやすい分量）

トマト…1個
りんご…½個
青じそ…5枚
韓国のり（八つ切り）…5枚
A ┃ 粉とうがらし（あらびき、
　┃ 　細びき）…各小さじ1
　┃ 塩麹…小さじ1
　┃ おろしにんにく…小さじ1
　┃ 干し桜えび…大さじ1
　┃ みりん…小さじ2
　┃ ナンプラー…小さじ1
　┃ すり白ごま…大さじ1
青ねぎ…10g

作り方

1 トマトはくし形切り、りんごは皮
　つきのまま5cm長さの細切りにす
　る。青じそはせん切り、青ねぎは
　小口切りにする。韓国のりは細か
　くちぎる。

2 ボウルにAを入れてまぜ合わせ、
　青ねぎ以外の1を加えてまぜ合わ
　せる。

3 器に盛り、青ねぎを散らす。

キムチトマト玄米ポックンパ

ポックンパとはチャーハンのこと。
えびのうまみとトマトの酸味、キムチの辛みが、
おいしいハーモニーを奏でます。ボリュームも満点！

材料（1人分）

玄米ごはん…120g
白菜キムチ…100g（汁ごと）
むきえび…80g
ミニトマト…5個
韓国のり（八つ切り）…6枚
A ｜ 鶏ガラスープのもと…小さじ1
　｜ みりん…小さじ1
ごま油…小さじ2
青ねぎ…10g

作り方

1 キムチは細かく刻む。ミニトマトは
半分に切る。青ねぎは小口切りにす
る。

2 フライパンにごま油を熱し、キム
チ、ミニトマト、むきえびの順にい
ためる。

3 むきえびに火が通ったら玄米ごはん
を加えてさらにいため、ちぎった韓
国のり、Aを加えてまぜる。

4 器に盛り、青ねぎを散らす。

Point!

トマトからリコピンやβ-カロテン、
ビタミンCを、むきえびからアスタキ
サンチンを補給できる。玄米を使って
いるので血糖値が急上昇しにくく、太
りにくいのもうれしいポイント。

小松菜と鮭のポックム

ポックムとはいため物のこと。β-カロテンが豊富な小松菜を
たっぷりとれる。鮭のうまみがよくからんだクセになる味。

材料（1人分）

小松菜…200g
鮭フレーク…30g
乾燥とうがらし…1本
にんにく…1かけ
A｜鶏ガラスープのもと
　｜　…小さじ1
　｜いり白ごま…小さじ2
ごま油…小さじ2

作り方

1 小松菜は4cm長さに切る。とうがらし
　は小口切り、にんにくはあらいみじん
　切りにする。

2 フライパンにごま油を弱火で熱し、に
　んにく、とうがらしをいためる。

3 香りが立ったら小松菜、鮭フレークを
　加えさっといため、Aを加えてまぜる。

Point!

小松菜からβ-カロテンやビタミンC、鮭
からはアスタキサンチンと、少ない食材
ながらしっかりと抗酸化成分を補える。

ブルーベリーマッコリ蒸しパン

アントシアニンが豊富なブルーベリーがぎっしり詰まった、
マッコリがやさしく香る蒸しパン。満足感が高く、腹もちもいい!

材料（1人分）

オートミール…20g
アーモンド（素焼き）…10粒
卵…1個
冷凍ブルーベリー…30g
生マッコリ…30㎖
はちみつ…小さじ1
ベーキングパウダー…少々

作り方

1 オートミール、アーモンドはミキサーなどで粉末状にする。卵は割りほぐす。ブルーベリーは自然解凍する。

2 ボウルにすべての材料を入れ、まぜ合わせる。

3 好みの型に入れ、ラップをかけずに電子レンジで2分30秒加熱する。

Point!

オートミールを使っているので、血糖値の上昇が緩やかで腹もちもいいヘルシーおやつ。マッコリは腸活に効果的。

本当は秘密にしたい愛用品 PART 2

韓国美容アイテム

エイジケア効果満点

30分貼っていても乾かない脅威の保湿力でエイジングケア効果抜群!

「1年のうち350日くらいは使っているのがメディヒールのこのシートマスク。コラーゲンやレチノール、5種類のペプチドと美容成分たっぷりでエイジングケア効果大。30分くらい貼っていても乾かないほど保湿力抜群です!」

竹由来の100%セルロースシートで、エッセンスが蒸発することなく肌に浸透。シートの自然収縮で顔を引き締めてもちもち肌に。メディヒール ザ E.G.T ナリッシング アンプルマスク (10P) 3300円／メディヒール公式 Qoo10店

얼굴광채플러스

高保湿なのにベタつかない"水光ツヤ肌"をつくるバーム

「韓国の人気インフルエンサー、イム・ジヒョンが手がけるVELY VELYのコスメ。このウォーターグローバームはもう2年ほど使っています。保湿力が高く、どの角度から見ても輝く"水光ツヤ肌"をつくることで大人気。ベタつかずさっぱりしていて使い心地がいい!」

天然アカシアペプチド、高分子・中分子・低分子のトリプルヒアルロン酸を配合。肌に強力に水分をチャージし、しっとりとした肌をサポート。ブリーブリー ウォーターグローバーム50g 2640円／VELY VELY 公式 Qoo10店

ツヤ感を出し、目を大きく見せてくれるハイライター

「ツヤ感を出したいときに使っているスティックハイライター。涙袋に塗るとツヤ感が出てふっくらし、目を大きく見せてくれます。保湿効果も高いので、毎日使っています」

表情をきわ立たせ、透明感のある自然な輝きを生み出すスティックハイライター。なめらかでソフトなテクスチャー。fmgt ベールグロースティックハイライター ナチュラル 10g／Qoo10にて購入可能

食アイテムはもちろん、韓国の美容アイテムにも注目しています。
手ごろな価格で購入できるのに、うるツヤ肌を叶える優秀コスメばかり。
情報収集してさまざまなアイテムを試しながら、効果が高いものはリピートしています。
すべて通販で購入できるので、ぜひ試してみて！
肌がどんどんキレイになる変化を実感できるはず。

ツヤツヤ、プルプル肌になる高機能日焼け止め

「VELY VELYの美白とシワ改善機能のある日焼け止め美容液。みずみずしいテクスチャーで、塗ると肌がツヤツヤ、プルプルに。プチプラで買いやすいのも魅力。一年中使っています」

肌に吸収されやすい50000ppmの低分子コラーゲンのほか、ヒアルロン酸や、透明感のある肌を維持するベリーエキスなども配合。ブリーブリー コラーゲンサンセラム SPF50＋ PA＋＋＋＋ 30㎖ 2750円／VELY VELY 公式 Qoo10店

블랙헤드 제거

©INNISFREE

毛穴の汚れをすっきり除去！済州島の火山灰のクレイマスク

「韓国・済州島の火山灰のクレイマスクで、強力な皮脂吸着力があり、小鼻の黒ずみをすっきりとり除いてくれます。洗い流すタイプで、週1回ほど、シャワー前に塗って、シャワー中に洗い流します。毛穴の汚れが落ちて肌がつるんとキレイに」

皮脂吸着成分である済州島の火山灰を配合。古い角質を取り除くことにも優れている。INNISFREE スーパーヴォルカニック ポア クレイマスク 100㎖ 1950円／INNISFREE 公式ストア

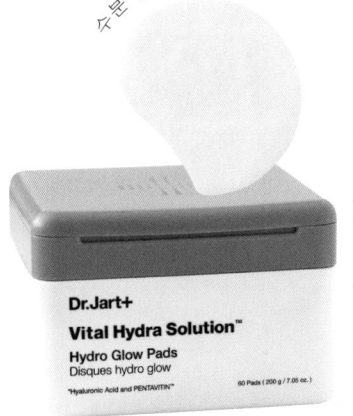

수분 충전

毛穴の目立たない肌に導く水分をたっぷり含んだパッド

「ドクタージャルトは、CICA配合コスメが日本でも人気のドクターズコスメブランド。この商品は、水分エッセンスをたっぷり含んだパッドで、一般的なシートパックと違って、目のキワまで貼れる点が◎。肌にうるおいを与えて、毛穴の目立ちにくい肌に導いてくれます」

水分エッセンスをたっぷり含んだ3重パッドで、肌に素早く水分を届ける。鼻、額、目元、頬など気になる部位に。ドクタージャルト バイタル ハイドラ ソリューション ハイドログロウパッド 60枚／Qoo10にて購入可能

ビタミンチャージ

ターンオーバー
レシピ

きめ細かく、むき卵のようにつるんとなめらかな肌は
美しさをきわ立たせてくれます。
そんな肌をつくるには、毛穴の開きや黒ずみを
防ぐことがマスト。そこで、この章で紹介するのが、
毛穴・凹凸のない肌をつくる10品。
きめ細かなツルツルの肌に!

3

ターンオーバーレシピに欠かせない栄養素をClose-up！

陶器のように
つるんとなめらかで、
きめ細かい肌を叶えるなら、
こんな栄養素を補うのがポイント！
毛穴を引き締めて
目立たなくしてくれます。

ビタミンC

過剰な皮脂分泌を抑えて毛穴の詰まりや黒ずみを改善。コラーゲンの生成を助けてハリがあり、キメのととのった肌に導きます。

多く含まれる食品／レモンなどの柑橘類、にら、青ねぎ、ブロッコリー、小松菜、パプリカなど

ビタミンB2

肌のターンオーバーを活性化させる働きがあるほか、皮脂分泌を抑える効果が期待できます。

多く含まれる食品／牛肉、卵、ほたて、鮭、あさり、のり、チーズ、みそ、しいたけ、アーモンド、松の実、はちみつなど

ビタミンB6

皮脂の分泌を抑えて、毛穴の開きを改善。肌のターンオーバーを促して古い角質の蓄積を抑え、なめらかな肌に導きます。

多く含まれる食品／とうがらし、にんにく、かぶ、トマト、さつまいも、ごま、そば、バナナ、豚肉、鶏肉、さば、まぐろ、さんま、鮭など

さばと卵のチゲ

さばとしいたけのうまみたっぷりの
チゲ（なべ料理）。
卵も入っていて栄養満点。
体が芯から温まって、代謝もアップ。

材料（1人分）

さば水煮缶…100ｇ（缶汁を含む）
卵…1個
しいたけ…1個
かぶ（葉つき）…小1個
A｜ダシダ…小さじ2
　｜コチュジャン…小さじ2
　｜チューブにんにく…小さじ2
　｜すり白ごま…大さじ1
　｜こんぶだしのもと…小さじ1
青ねぎ…10ｇ

作り方

1　しいたけは軸を切り落として薄切り
　　にする。かぶは根と葉を分け、根は
　　いちょう切り、葉は3cm長さに切
　　る。青ねぎは小口切りにする。

2　なべに水200mℓ、さば（缶汁ごと）、
　　しいたけ、かぶの根を入れて煮立
　　て、3分ほど煮る。

3　A、卵、かぶの葉を加え、ひと煮立
　　ちさせる。

4　青ねぎを散らす。

Point!

過剰な皮脂の分泌を抑えるビタミンB₂
を含む卵、しいたけ、みそ、皮脂分泌
をコントロールするビタミンB₆を含む
さば、かぶの組み合わせで、毛穴の目
立ちにくいきめ細かな肌に。

ヤンニョムチキン

通常のヤンニョムチキンと違って油で揚げず、
小麦粉も使わないので脂質も糖質も控えめでヘルシー。

材料（2人分）

鶏手羽元… 4本
皮つきピーナツ（素焼き）…20粒
塩、あらびき黒こしょう …各少々
A｜粉とうがらし（あらびき、
　　　細びき）…各小さじ 1
　　コチュジャン…大さじ 2
　　はちみつ…大さじ 1
　　チューブにんにく
　　　…小さじ 2
　　すり白ごま…大さじ 1
　　塩…少々
レモン…¼個
青じそ…適宜

作り方

1 手羽元に塩、あらびき黒こしょうを振る。

2 ピーナツはミキサーなどで粉末状にする。

3 Aはまぜ合わせる。

4 手羽元に 2 をまぶし、3 のヤンニョムソースをもみ込む（時間があれば30分ほど）。

5 170度に予熱したオーブンで20分焼く。

6 器にあれば青じそを敷き、5 を盛り、レモンをしぼる。

Point!

鶏肉からビタミンB_6、ピーナツからビタミンB_2を補給できる。ピーナツの皮には抗酸化作用の強いポリフェノールが多いので皮つきのまま使用。レモン汁からビタミンCも補える。

ほたてのジョン

**具材に粉や卵をつけて焼き上げるジョン。
オートミールを使って作り、糖質をオフ。**

材料（1人分）

ほたて貝柱（刺し身用）… 5個
酒…小さじ1
塩…少々
ごま油…適量
三つ葉…適宜

〈衣〉
オートミール…大さじ2
にら…10g
卵…1個
すり白ごま…大さじ1
塩…少々

〈たれ〉
しょうゆ、黒酢、みりんを1：1：1、
いり白ごま適量をまぜ合わせる。

作り方

1 にらはみじん切りにする。オートミー
ルはミキサーなどで粉末状にする。卵
は割りほぐす。

2 ほたてに酒、塩を振る。

3 衣の材料をまぜ合わせ、ほたてをくぐ
らせる。

4 フライパンにごま油を熱し、**3**を両面
焼く。

5 器に盛り、たれと、あれば三つ葉を添
える。

十割そばの
チャジャンミョン

チャジャンミョンとは麺料理のひとつ。
そば粉100%で作られた十割そばを使っているので、
血糖値が急上昇せず、ダイエット中にも◎。

Point!

豚肉、そばはビタミン
B₆、しいたけ、松の実
はビタミンB₂、パプリ
カはビタミンCを含有。

3章　ターンオーバーレシピ

材料（1人分）

十割そば…100g
豚ひき肉…100g
しいたけ…2個
パプリカ(赤)…½個
玉ねぎ…¼個
乾燥とうがらし…1本
にんにく…1かけ
松の実…大さじ1
A｜ダシダ…小さじ2
　｜甜麺醤…大さじ1
　｜すり黒ごま…大さじ1
　｜しょうゆ…小さじ2
ごま油…小さじ2

作り方

1 しいたけ、玉ねぎ、とうがらし、にんにくはみじん切りにする。パプリカはあらいみじん切りにする。

2 十割そばは袋の表示どおりにゆで、冷水でしめ、ざるに上げて水けをきる。

3 フライパンにごま油を熱し、1とひき肉を入れていためる。

4 全体に火が通ったら、A、松の実を加えてまぜる。

5 器に2を盛り、4をかける。

65

のりのケランチム

卵を蒸して作る"茶碗蒸し"のような料理が
ケランチム。しいたけとのりのうまみが卵に
とけ込んだ、優しくほっとする味わい。

材料（1人分）

卵… 2個
しいたけ… 1個
韓国のり（八つ切り）… 5枚
こんぶだしのもと…小さじ1
塩…少々
ごま油…小さじ1

作り方

1 卵は割りほぐす。しいたけは軸を切
り落とし薄切りにする。のりは細か
くちぎる。

2 ボウルにとき卵、水100mℓ、しいた
け、のり、こんぶだしのもと、塩を
入れてまぜ合わせる。

3 耐熱の器に2を注ぎ、ラップをふん
わりとかけ、電子レンジで1分加熱
する。

4 とり出し、スプーンなどでかき回
し、さらに電子レンジで同様に1分
加熱する。

5 とり出し、ごま油を加え、スプーン
などでかき回し、さらに電子レンジ
で同様に30秒加熱する。

Point!

皮脂の分泌を抑えるビタミンB₂が含ま
れる卵、しいたけ、のりを使用。しい
たけとのりには食物繊維も多く含まれ
るので、便秘からくる毛穴の開きやニ
キビの改善にも効果的！

豚肉とズッキーニの ポックム

甘辛だれがしみ込んだ豚肉とズッキーニは、箸が止まらない おいしさ。松の実の風味と食感がアクセントに。

材料（1人分）

豚バラ薄切り肉…100g
ズッキーニ…小1本(150g)
にんにく…1かけ
松の実…大さじ山盛り1
A｜粉とうがらし(あらびき、
　　細びき)…各小さじ1
　　鶏ガラスープのもと
　　　…小さじ2
　　しょうゆ…小さじ2
　　はちみつ…小さじ2
　　すり白ごま…大さじ1
　　塩…少々
ごま油…小さじ2

作り方

1 ズッキーニは縦に半分に切ってから 斜め薄切りにする。豚肉は食べやす い大きさに切る。にんにくはあらい みじん切りにする。

2 フライパンにごま油を熱し、にんに くをいため、香りが立ったら、豚肉、 ズッキーニを加えいためる。

3 肉の色が変わったら、松の実、Aを 加え、いためる。

4 弱火にしてふたをし、10分ほど蒸し 焼きにする。

Point!

ビタミンB₂を含む豚肉や松の実とはち みつ、ビタミンB₆を含むにんにくとご ま、ビタミンCが多く含まれるズッキ ーニの組み合わせで過剰な皮脂の分泌 を抑え、毛穴の開きにアプローチ。

納豆とあさりのチゲ

マイルドな辛さのスープにあさりのうまみと
納豆のコクがとけ込んだ奥行きのある味わい。

材料（1人分）

納豆… 1パック
あさり（砂出しずみ）…100g
しいたけ… 2個
にら…20g
にんにくの芽…20g
A｜ 粉とうがらし（あらびき、
　　　細びき）…各小さじ1
　｜ みそ…大さじ1
　｜ 鶏ガラスープのもと
　　　…小さじ2
　｜ はちみつ…小さじ2
　｜ すり白ごま…大さじ1
　｜ おろしにんにく、おろししょうが
　　　…各小さじ1

作り方

1 しいたけは軸を切り落とし、4等分
に切る。にらは4cm幅、にんにくの
芽は4cm長さに切る。

2 なべに水200mlを入れて火にかけ、
沸騰したらすべての材料を加え、5
分ほど煮る。

Point!

過剰な皮脂の分泌を抑えるビタミンB₂
が豊富な納豆、あさり、しいたけを使
用。ビタミンB₆を含むごまや、ビタミ
ンCを含むにら、にんにくの芽も組み
合わせてきめ細かな肌に。

十割そばの
ビビンククス

「ビビン」は韓国語で「まぜる」、「ククス」は「麺」という意味で、
ビビンククス＝まぜ麺。キムチをミックスしたパンチのきいた味。

Point!

韓国のビビンククスはそうめんを使う
ことが多いが、そうめんを十割そばに
することで血糖値の急上昇を抑制。そ
ばはビタミンB_6も含有。ビタミンB_2を
含むしいたけやのり、ビタミンCが多
い野菜も使用。

72

材料（1人分）

十割そば…100g
しいたけ…1個
青じそ…5枚
小松菜…40g
白菜キムチ…50g
韓国のり（八つ切り）…5枚
A｜コチュジャン…大さじ1
　｜すり白ごま…大さじ1
　｜酢…大さじ1
　｜はちみつ…小さじ2
　｜ごま油…小さじ1
　｜おろしにんにく…小さじ1
　｜松の実…大さじ1
青ねぎ…10g

〈トッピングの牛肉〉
牛薄切り肉…80g
コチュジャン、みりん、
　おろしにんにく…各小さじ1
塩…小さじ½
すり白ごま…小さじ2

作り方

1 しいたけは薄切りにして耐熱容器に入れ、ラップをふんわりとかけて電子レンジで1分加熱する。青じそはせん切りにする。小松菜は4cm長さに切る。キムチはあらく刻む。青ねぎは小口切りにする。

2 そばは袋の表示どおりにゆで、冷水でしめ、ざるに上げて水けをきる。

3 トッピングの牛肉の材料をすべて別の耐熱容器に入れ、ラップをふんわりとかけ電子レンジで1分30秒加熱する。

4 ボウルにAを入れてまぜ合わせ、2と、青ねぎ以外の1、ちぎったのりを加えてまぜ合わせる。

5 器に盛り、青ねぎを散らす。3を別の器に盛って添え、食べるときにまぜる。

ナッツのカンジョン

ナッツなどを水あめで固めて作る伝統菓子が
カンジョン。毛穴ケア食材をまとめてめし上がれ!

材料（作りやすい分量）

アーモンド（素焼き）…40粒
皮つきピーナツ…20粒
松の実…大さじ2
クコの実…30粒
はちみつ…大さじ2
塩…少々
ココナッツオイル…大さじ1

作り方

1 アーモンド、ピーナツはあらく刻む。

2 フライパンを熱し、1、松の実、クコ
の実を入れ、さっといる。

3 はちみつ、ココナッツオイル、塩を加
えてまぜ合わせる。

4 クッキングシートを敷いたバットに移
して薄く均等にのばし、あら熱をとっ
てから冷蔵室で冷やす。

5 固まったら、食べやすい大きさに切る。

さつまいものホットク

ホットクとは韓国の屋台で人気のおやつ。
さつまいもとオートミールで食物繊維たっぷりに!

Point!

焼きいもとオートミールで血糖値の上昇が緩やかに。さつまいもはビタミンB6が豊富。

材料（2人分）

焼きいも…50g
オートミール…50g
アーモンド（素焼き）…15粒
かたくり粉…20g
オリーブオイル…小さじ1
A｜ベーキングパウダー
　　…小さじ½
　　はちみつ…大さじ1
　　甘酒…50㎖
　　塩…少々

作り方

1 焼きいもは皮ごとつぶして裏ごしする。オートミール、アーモンドはミキサーなどで粉末状にする。

2 ボウルにオートミール、アーモンド、かたくり粉、Aを入れてまぜ合わせる。

3 丸めて平たくし、中央に1のいもをのせて包むように丸くする（※手指にオリーブオイル〈分量外〉を塗るとくっつかずにキレイに丸められる）。

4 フライパンにオリーブオイルを熱し、3を入れ、フライ返しなどで押さえて厚みを薄くし、両面を色よく焼く。

毎日キムチを食べて
キレイになれる理由って?

韓国で毎日のように食べられているキムチ。キムチ専用の冷蔵庫がある
家庭も多いくらい、キムチは韓国の食生活に欠かせないものです。
そこまで、韓国でキムチが愛される理由は?
キムチはどうして美と健康にいいの?　その秘密をリサーチしました!

寒い韓国で、冬に
不足しがちな野菜をとるための
保存食として発達

　キムチのルーツには諸説あるようですが、もともとは、寒さが厳しい朝鮮半島で、冬に不足しがちな野菜をとるための保存食として作られたものといわれています。当初は塩漬けにしただけの野菜が食べられていたようですが、16世紀ごろに日本から韓国にとうがらしが伝わり、その後、18世紀になって、とうがらしや塩辛、白菜などを使った現在のようなキムチが食べられるようになったといいます。現在でも韓国では、11月末から12月初旬ごろに、家族や地域の人などが総出で1年分の白菜キムチを漬け込む「キムジャン」という年中行事があるそう。一度に作るキムチは大量なので、近所の人たちが集まってそれぞれの家のキムチ作りを手伝い、こうして作ったキムチを、毎日、朝、昼、晩に食べる習慣が根づいたようです。

　キムチは、白菜などの野菜と塩、とうがらし、魚介の塩辛、にんにくなどを材料にして作られます。特に魚介の塩辛はキムチのおいしさの決め手となるもので、一般的にはアミ（アミえび）の塩辛が使われます。ただ、地域や家庭ごとに使う材料などが少しずつ違うため、その地域や家庭ならではの味になるのです。

乳酸菌やカプサイシン、ビタミンなど
美と健康によい栄養の宝庫

　このように韓国の国民食ともいえるキムチは、発酵食品の中でも特に乳酸菌の量が多いといわれています。また、キムチに含まれる植物由来の乳酸菌は、過酷な環境下に生息しているため、ヨーグルトなどの動物由来の乳酸菌よりも生命力が強く、生きて腸まで届く力が強いのが特徴。腸内の善玉菌をふやして悪玉菌の増殖を抑え、腸内環境をととのえてくれます。

　キムチには脂肪の燃焼を促したり、血行を促進したりする働きがあるカプサイシン、エイジングケアに役立つβ-カロテン、代謝を助けるビタミンB群、美肌に欠かせないビタミンC、便秘改善によい食物繊維なども含まれ、まさに美と健康をサポートしてくれる栄養の宝庫。キムチを食べるとポカポカと体が温まって代謝がアップし、冷えも改善しやすくなります。

　ただ、キムチを漬け込む習慣のある韓国と違って、日本で手作りしようとすると手間がかかってなかなか大変。そこで、この本で紹介しているキムチは、すべて発酵させていない、簡単にできる即席キムチです。手軽にキムチ風の味わいが楽しめるので、ぜひ作ってみてください。市販の発酵キムチを使った料理も紹介しています。

市販のキムチの中には、
実は発酵していないものがあるって本当!?

　発酵キムチを食べるなら、市販のものを買うのが手軽ですが、実は日本でキムチとして売られているものには、発酵していない"キムチ風浅漬け"もあるので要注意。発酵キムチには、パッケージに「熟成発酵」または「乳酸発酵」と記載されているので、そういったものを選びましょう。材料にアミの塩辛と記載されているものも発酵キムチです。

　皆さんもぜひ、キムチを食事にとり入れてみてくださいね。

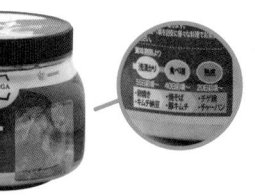

パッケージの裏に、このような発酵チャートがあるものは発酵キムチ。まずはパッケージの裏をチェックしてみてください。

「酸化」「糖化」知らず

エイジングケア
レシピ

どんなに毎日きちんとスキンケアをしていても、
エイジングにはなかなか勝てないもの。
老化を少しでも遅らせるには、
やはり毎日の食事で、
体の内側からケアをすることも不可欠です。
エイジングの原因を撃退する
栄養素たっぷりのレシピで、若々しさをキープして。

4章
Chapter
4

エイジングケアレシピに
欠かせない
栄養素をClose-up！

エイジングを少しでも遅らせるためには、
老化を進める2大元凶の「酸化」と「糖化」を防ぐことが必須。
そのためにとりたいのが抗酸化成分が多い食材や、
抗糖化食材です。

β-カロテン（ビタミンA）

β-カロテンは体内でビタミンAに変化。皮膚や粘膜を健康に保つ働きや、抗酸化作用によってシミやシワ、たるみなどを防ぐ働きがあります。
多く含まれる食品／のり、青じそ、にんじん、しゅんぎく、ほうれんそう、かぼちゃ、にら、ひじき、三つ葉、小松菜、水菜、オクラ、トマトなど

アスタキサンチン

強い抗酸化作用で、活性酸素を抑え、シミやシワなどを予防します。
多く含まれる食品／鮭、えび、かになど

ビタミンE

"若返りのビタミン"とも呼ばれる栄養素。抗酸化作用が強く、老化の元凶となる活性酸素を除去。血行促進作用もあります。
多く含まれる食品／松の実、かぼちゃ、ナッツ類、オリーブオイルなどの植物油、卵など

スルフォラファン

強力な抗酸化作用や解毒作用があり、老化予防やがん予防によいとされています。
多く含まれる食品／ブロッコリースプラウトなど

セサミン

抗酸化作用が強く、シミ、シワ、たるみなどの老化を予防します。
多く含まれる食品／ごま

抗糖化食材

しょうが、シナモン、ブロッコリースプラウト、にんにく、レモン（クエン酸）、りんご、クミン、黒こしょう、酢（クエン酸）、えび、かに、貝類、きのこ類（キチン・キトサン）、アーモンドなど

鮭フレークと
緑黄色野菜の
玄米ビビンバ

具材に抗酸化成分が多い食材を、ごはんは
白米でなく玄米を使ったヘルシーなビビンバ。
満腹感があるのに太りにくいのが魅力！

材料（1人分）

玄米ごはん（温かいもの）…150g
鮭フレーク…30g
ほうれんそう…50g
にんじん…¼本(50g)
三つ葉…2株
韓国のり（八つ切り）…1枚
コチュジャン…小さじ2
ごま油…小さじ1

A │ 鶏ガラスープのもと…小さじ2
  │ しょうゆ…小さじ2
  │ すり白ごま…大さじ1
  │ おろしにんにく…小さじ1

作り方

1 ほうれんそうは4cm長さに切る。にんじんは4cm長さの細切りにする。三つ葉はあらく刻む。のりは細かくちぎる。

2 耐熱ボウルにほうれんそう、にんじんを入れ、ラップをふんわりとかけ、電子レンジで1分30秒加熱する。

3 Aを加えてあえる。

4 器に玄米ごはんを盛ってのりをのせ、3、鮭フレーク、三つ葉をのせる。コチュジャンをのせ、ごま油をたらす。

Point!

アスタキサンチンが豊富な鮭、β-カロテンを多く含むのり、ほうれんそう、にんじん、三つ葉を具材に使用。食物繊維が多い玄米を使っているので血糖値の上昇が緩やかで肥満予防効果も。

えびとねぎのチヂミ

小麦粉の代わりにオートミールを使ったチヂミ。えびの
うまみたっぷりで、アーモンドの歯ごたえがアクセントに。

材料（2人分）

むきえび…50g
青ねぎ…20g
オートミール…50g
アーモンド（素焼き）…10粒
卵…1個
のり（全形）…1枚
鶏ガラスープのもと…小さじ2
ごま油…小さじ2
レモン汁…¼個分

〈たれ〉
しょうゆ、黒酢、みりんを1：
1：1、いり白ごま適量、小口切
りにした乾燥とうがらし⅓本をま
ぜ合わせる。

作り方

1 青ねぎは3cm長さに切る。オートミールとアーモンドはミキサーなどで粉末状にする。卵は割りほぐす。のりは細かくちぎる。

2 ボウルに1、むきえび、鶏ガラスープのもと、水50mlを入れてまぜ合わせる。

3 フライパンにごま油を熱し、2を入れまるく均等にのばし、両面を焦がさないように焼く。

4 食べやすく切って器に盛り、レモン汁をかけ、たれを添える。

Point!

えびのアスタキサンチン、のりのβ-カロテン、レモンのビタミンC、アーモンドのビタミンEでエイジングケア。小麦粉をオートミールに代えることで血糖値の上昇が緩やかに。

緑黄色野菜の
チャプチェ

エイジングケア食材たっぷりのチャプチェ。韓国の
太めのはるさめにうまみがよくしみ込んで満足度大!

材料（1人分）

乾燥韓国はるさめ…30g
むきえび…80g
にんじん…50g
にら…30g
ほうれんそう…30g
しめじ…50g
にんにく…1かけ
乾燥とうがらし…1本
干し桜えび…大さじ1
A 鶏ガラスープのもと…小さじ2
　 酢…小さじ2
　 みりん…小さじ2
　 すり白ごま…大さじ1
　 こんぶだしのもと…小さじ1
　 しょうゆ…小さじ2
ごま油…小さじ2

作り方

1 はるさめはぬるま湯でもどす。にんじんは4cm長さの細切り、にら、ほうれんそうは4cm長さに切る。しめじはほぐす。にんにく、とうがらしはあらいみじん切りにする。

2 フライパンにごま油を弱火で熱し、にんにく、とうがらしをいため、香りが立ったらにんじんを加え、さらにいためる。

3 むきえび、にら、ほうれんそう、しめじを加えていため、全体に火が通ったら水けをきったはるさめ、桜えび、Aを加えまぜながらさっといためる。

Point!

えび、にんじん、にら、ほうれんそう、にんにく、ごまと、抗酸化成分が多いエイジングケア食材を複数使用。

玄米キンパ

抗酸化食材と玄米ごはんを使ったキンパ。鮭や野菜の
風味がきいた軽やかな味で、1本で野菜がたっぷりとれます。

材料（1人分）

玄米ごはん（温かいもの）…120g
にんじん…30g
ほうれんそう…30g
青じそ…4枚
ブロッコリースーパースプラウト
　…10g
鮭フレーク…30g
焼きのり（全形）…1枚
ごま油…小さじ1
すり白ごま…大さじ1
塩…少々
コチュジャン…小さじ1

〈ほうれんそうと
　にんじんのナムルの調味料〉
ダシダ…少々
みりん…小さじ1
いり白ごま…小さじ1

作り方

1 玄米ごはんにごま油、ごま、塩を加えまぜる。

2 ほうれんそうは4cm長さに切り、にんじんは4cm長さのせん切りにする。ともに耐熱ボウルに入れてラップをふんわりとかけ、電子レンジで1分加熱する。

3 ナムルの調味料すべてを加えてあえる。鮭フレークにコチュジャンをあえる。

4 巻きすの上にのりを敷き、**1**を薄く広げる。**3**、青じそ、ブロッコリースーパースプラウトを手前側に並べ、くるっと巻く。

5 食べやすい大きさに切る。

다이어트 중에도 걱정없이!

Point!

アスタキサンチンが豊富な鮭や、ブロッコリースプラウト、にんじん、ほうれんそうと抗酸化成分が多い野菜を使用。血糖値の上昇が緩やかな玄米を使っているのでダイエット中でも安心。

にらとブロッコリースプラウトのレモンキムチ

ブロッコリースプラウトや皮ごとのレモンなどから抗酸化成分をたっぷりチャージ！

材料（作りやすい分量）

にら…100g
ブロッコリー
　スーパースプラウト…½パック
アーモンド（素焼き）…10粒
みょうが…2個
干し桜えび…大さじ1
レモン（無農薬のもの）…¼個
A　粉とうがらし（あらびき、
　　　細びき）…各小さじ1
　　すり白ごま…大さじ1
　　ナンプラー…小さじ1
　　塩麹…小さじ1
　　みりん…小さじ1
　　ごま油…小さじ1
　　おろしにんにく…小さじ1

作り方

1　にらは5cm長さに切る。アーモンドはあらく刻む。みょうがはせん切り、レモンはいちょう切りにする。

2　ボウルにAを入れてまぜ合わせる。

3　1、ブロッコリースプラウト、桜えびを加え、あえる。

しゅんぎくとかぼちゃのナムル

しゅんぎくの苦みとかぼちゃの自然な甘みが絶妙にマッチ。ビタミンA・C・Eの補給に。

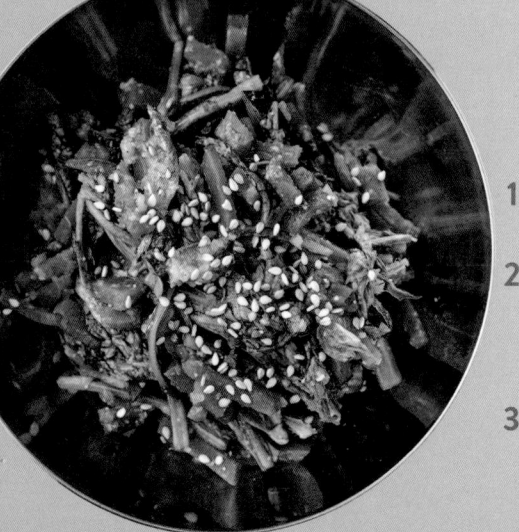

材料（作りやすい分量）

しゅんぎく…80g
かぼちゃ…100g
干し桜えび…小さじ1
A　鶏ガラスープのもと…小さじ2
　　いり白ごま…大さじ1
　　ごま油…小さじ1
　　しょうゆ…小さじ1
　　おろしにんにく…小さじ1
　　塩…少々

作り方

1　しゅんぎくは4cm長さに切る。かぼちゃは4cm長さの細切りにする。

2　それぞれ耐熱ボウルに入れ、ラップをふんわりとかけ、電子レンジでしゅんぎくを1分、かぼちゃを2分30秒加熱する。

3　ボウルにA、桜えびを入れてまぜ合わせ、2を加えてあえる。

材料（1人分）

	〈衣〉
パプリカ（赤）…½個	オートミール
ししとうがらし…4本	…大さじ2
むきえび…40g	卵…1個
ごま油…適量	塩…少々

〈たれ〉
しょうゆ、黒酢、みりんを1：1：1、
いり白ごま適量をまぜ合わせる。

作り方

1 パプリカは1cm幅に切る。オートミールはミキサーで粉末状に。卵は割りほぐす。

2 くし1本にパプリカ、ししとう、むきえびを適量ずつ刺す。計4本作る。

3 衣の材料をバットに入れてまぜ合わせ、2をくぐらせる。

4 フライパンにごま油を熱し、3を両面焼く。器に盛り、たれを添える。

パプリカ、ししとう、えびのジョン

オートミールの衣で低糖質。
揚げていないから油も控えめで◎

さつま揚げと緑黄色野菜のポックム

魚のたんぱく質がとれるさつま揚げに、
緑黄色野菜をミックス。スパイシーで美味。

材料（作りやすい分量）

さつま揚げ…2枚
パプリカ（赤）…¼個
にんじん…50g
しょうが…10g
しめじ…50g
ほうれんそう…50g
にんにく…1かけ

A│コチュジャン…大さじ1
　│すり白ごま…大さじ1
　│はちみつ…小さじ2
　│ナンプラー…小さじ2
　│あらびき黒こしょう
　│　…小さじ¼
　│シナモンパウダー
　│　…小さじ½

ごま油…小さじ2

作り方

1 さつま揚げは食べやすい大きさに切る。パプリカは細切りにする。にんじん、しょうがはせん切りにする。しめじはほぐす。ほうれんそうは4cm長さに切る。にんにくはあらいみじん切りにする。

2 フライパンにごま油を弱火で熱し、しょうが、にんにくをいためる。

3 香りが立ったらさつま揚げ、パプリカ、にんじん、しめじを加え、さらにいためる。

4 全体がしんなりとしたらほうれんそうを加えてさっといため、Aを加えてまぜる。

しゅんぎくとりんご、
かにのサラダ

かにのうまみと、りんごの甘酸っぱさがきいたサラダ。
歯ごたえも楽しんで。

材料（1人分）

しゅんぎくの葉…80g
りんご…½個
かに缶…1缶
ブロッコリースーパースプラウト
　　…½パック
にんじん…50g
アーモンド（素焼き）…10粒
A｜粉とうがらし（あらびき、
　　　細びき）…各小さじ1
　　ナンプラー…小さじ2
　　みりん…小さじ2
　　すり白ごま…大さじ1
　　おろしにんにく…小さじ1
　　干し桜えび…大さじ1
　　ごま油…小さじ2
　　黒酢…大さじ1

作り方

1 しゅんぎくは4cm長さに切る。りんご
は4cm長さの細切りにする。にんじん
は4cm長さのせん切りにする。アーモ
ンドは細かく砕く。

2 かには缶汁をきる。

3 ボウルにAを入れ、まぜ合わせる。

4 1、かに、ブロッコリースプラウトを
加え、まぜ合わせる。

Point!

アスタキサンチンを含むかに、β-カロ
テンが多い緑黄色野菜、りんごポリフェ
ノールを含むりんごを使用。

マッコリ甘酒プリン

マッコリと、抗酸化成分が豊富なベリーを組み合わせた、
マイルドな酸味と甘みのあるエイジングケアおやつ。

材料（2人分）

マッコリ…150㎖
甘酒…70㎖
生クリーム…50㎖
冷凍ミックスベリー…20g
卵黄…1個分
クコの実…大さじ1
はちみつ…大さじ1
粉ゼラチン…5g

Point!

ベリーやクコの実にはポリフェ
ノールが豊富。マッコリとはち
みつで腸もととのう。

作り方

1 耐熱ボウルに水50㎖を入れ、ラップを
かけずに電子レンジで30秒加熱し、粉
ゼラチンと卵黄を加えまぜる。ミック
スベリーは自然解凍する。

2 なべにマッコリ、甘酒、生クリームを
入れてよくまぜ合わせ、弱火にかける。

3 温めながら、はちみつを加えてまぜる。

4 沸騰する直前に火を止め、1、クコの
実をまぜる。

5 器2個に等分に注ぎ、あら熱をとって
から、冷蔵室で固まるまで冷やす。

韓国の美食文化のヒミツ

五色の食材を五つの味つけで
とり入れることで健康な体に

　韓国料理のベースにあるのが、食べ物と薬の根源は同じであるとする「薬食同源」という考え方です。天然の食べ物は薬であり、食べることで健康につながると考えられているのです。この考え方がベースにある韓国では、スープ、肉や魚介類などを使った主菜、野菜たっぷりのパンチャン（おかず）などといった献立が一般的。そのため自然と多くの食材をとることができ、栄養バランスがととのいます。

　また、「薬食同源」とともに韓国料理のベースにあるのが「五味五色」という考え方です。これは中国で生まれた「陰陽五行説」という思想に基づくもので、1食に、五色（青〈緑〉、赤、黄、白、黒）の食材を、五味（甘・酸・苦・辛・鹹〈塩辛い〉）の味つけでとり入れると健康につながると考えられています。たとえば、五色の食材には、以下のようなものがあります。

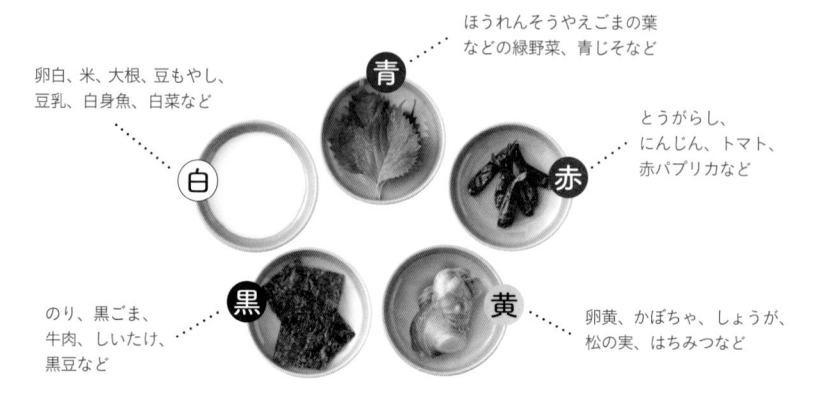

卵白、米、大根、豆もやし、豆乳、白身魚、白菜など

白

ほうれんそうやえごまの葉などの緑野菜、青じそなど

青

とうがらし、にんじん、トマト、赤パプリカなど

赤

のり、黒ごま、牛肉、しいたけ、黒豆など

黒

黄

卵黄、かぼちゃ、しょうが、松の実、はちみつなど

　このような五色の食材を、味つけが重ならないように調理してとり入れるのが五味五色。食材の栄養素など、難しいことがわからなくても、五味五色をイメージして栄養をとれば、自然とバランスがととのいます。韓国料理の彩りがとても豊かなのは、この考え方がベースにあるからです。

韓国料理のベースには「薬食同源」と「五味五色」という
考え方があるのを知っていますか？　韓国は食文化からしてすでに健康志向！
古くから続いている食文化を知ることで、韓国料理の奥深さがわかるはずです。

キンパやビビンバなど、
身近な料理にも「五味五色」が
とり入れられている

このような考え方は、古くは、朝鮮王朝時代の宮廷料理でもとり入れられていたそうです。韓国ドラマを見ていると、9つに仕切られた器に、せん切りにした色とりどりの食材を並べて、クレープのような生地で包んで食べる料理が登場することがあります。

これは現在でも食べられている「九節板（クジョルパン）」という宮廷料理。この料理は一品で五味五色になっています。より身近な料理でいえば、キンパやビビンバ。これらも一品で五味五色になっていますよね。

そのほか、韓国には「五味子(オミジャ)茶」というお茶があります。五味子茶は、乾燥させたチョウセンゴミシという赤い果実から作るお茶で、古くからよく飲まれています。このお茶には、甘・酸・苦・辛・鹹の五味が含まれ、体調によってすっぱく感じることがあったり、甘く感じることがあったりと、感じる味が変わり、どの臓器が弱っているかがわかるといわれているそうです。そして五味子茶で五味をとり入れることで体調をととのえるのだとか。

日本の和食もヘルシーですが、ふだんの食事で、色を意識してとることはあまりありませんよね。とりあえず五色の食材を毎日の食卓にとり入れるようにするだけでも、栄養バランスがととのいやすくなるので、ぜひ意識してみてください。

老廃物にアプローチ

むくみすっきり
レシピ

毎日の食事で自然とむくみを防ぐ
栄養素がとれていることは
スタイルキープのための秘訣です。
そこでこの章では、むくみを改善する
栄養素がとれる10品を紹介。
むくみ知らずのキュッと引き締まった
小顔&抜群のプロポーションに！

むくみすっきりレシピに欠かせない栄養素をClose-up！

理想のスタイルと小顔を手に入れるには、
むくみを改善してくれる栄養素をとることが大切。
とりすぎた塩分や老廃物の排出を促して
すっきりボディをめざして。

クエン酸

クエン酸には体内の新陳代謝を活性化し血液やリンパの流れをよくする働きがあります。老廃物の排出が促され、むくみ改善をサポートしてくれます。
多く含まれる食品／**レモン、ライム、酢、梅干しなど**

カリウム

むくみの原因のひとつが塩分のとりすぎ。カリウムには体内の余分なナトリウムを排出する働きがあり、むくみの改善に効果的です。
多く含まれる食品／
〈野菜・きのこ類〉きゅうり、里いも、枝豆、アボカド、にんにく、たけのこ、にら、三つ葉、青じそ、さつまいも、しゅんぎく、れんこん、セロリ、じゃがいも、カリフラワー、ブロッコリー、ズッキーニ、しいたけ、にんじん、かぶ、しょうが、大根、白菜、なす、豆苗、トマト、みょうが、パプリカなど
〈乾物〉ひじき、のり、とうがらし、黒きくらげ、松の実、わかめ、白ごまなど
〈魚介類〉たら、かに、いか、あさりなど

サポニン

大豆など豆類に多く含まれる栄養素。高い利尿効果があり、むくみを改善します。
多く含まれる食品／**大豆、大豆製品（とうふ、豆乳、納豆など）、小豆、ごぼうなど**

オイネングク

オイネングクとは、韓国で
夏によく食べられている
冷たいきゅうりのスープ。
シャキシャキ食感と、
さっぱりした味が心地よく、
暑い夏にぴったりです。

材料（2人分）

きゅうり… 1本
みょうが… 1個
三つ葉… 1株
乾燥とうがらし…½本
冷水…400㎖
A｜鶏ガラスープのもと…小さじ2
　｜しょうゆ…小さじ1
　｜酢…小さじ2
　｜すり白ごま…大さじ1
　｜塩…少々
　｜レモン汁…¼個分

作り方

1 きゅうりは斜め薄切りにしてから細切り、みょうがはせん切りにする。三つ葉は3㎝長さに切る。とうがらしはみじん切りにする。

2 ボウルに1とAを入れ、まぜ合わせる。

3 冷水を注ぎ、軽くまぜる。

Point!

きゅうりは漢方で水分代謝を促す効能があるとされているうえ、カリウムも多く、むくみ解消に効果的。みょうがや三つ葉にもカリウムが豊富。火を使わないので簡単に作れる。

きのことひじき、ごぼうのポックム

きのことひじきのうまみと、ごぼうの苦みがマッチ。
塩麹を使った日本人の口になじむ味わい。

材料（1人分）

しいたけ…3個
しめじ…80g
エリンギ…80g
乾燥ひじき…5g
ごぼう…100g
ちりめんじゃこ…20g
にんにく…1かけ
乾燥とうがらし…1本
A | 塩麹…小さじ2
　 | すり白ごま…大さじ1
　 | みりん…小さじ2
ごま油…小さじ1
レモン…¼個

作り方

1 ごぼうは皮ごとささがきにする。しいたけは薄切りにする。しめじはほぐす。エリンギは縦半分に切ってから薄い斜め切りにする。にんにくはあらいみじん切り、とうがらしは小口切りにする。ひじきはぬるま湯でもどし、水けをきる。

2 フライパンにごま油、にんにく、とうがらしを入れて弱火で熱し、香りが立ったらごぼうを加えていため、ひじき、きのこ、ちりめんじゃこを加えてさらにいためる。

3 全体に火が通ったら、Aを加えてまぜる。

4 器に盛り、レモンをしぼる。

Point!

利尿作用が強いサポニンを多く含むごぼうに、カリウムが豊富なきのこ類やひじき、とうがらし、クエン酸が多いレモンとむくみ改善にいい食材を複数使用。食物繊維もとれ、便秘改善にも。

カムジャジョン

じゃがいもで作るチヂミがカムジャジョン。
じゃがいものでんぷんで作ったもちもち
食感の生地に、にらの風味がとけ込み、
手が止まらない!

材料（1人分）

じゃがいも… 2 個
レモン汁… ½個分
にら… 20 g
すり白ごま… 大さじ 1
ごま油… 大さじ 1
青じそ… 適宜

〈たれ〉
しょうゆ、黒酢、みりんを 1：1：
1、いり白ごま適量をまぜ合わせる。

作り方

1　じゃがいもはすりおろし、レモン汁を加える。にらは 3 cm長さに切る。

2　じゃがいもをボウルを下に入れたざるに入れ、水分をきる。その際に出た水分は捨てない。

3　水分の上ずみ液は捨て、底に沈んでいるでんぷんをとり出す。

4　2 のじゃがいもに、ごま、3 のでんぷん、にらを加えまぜ合わせる。

5　フライパンにごま油を熱し、4 を ½量ずつ薄く広げて両面焼く。

6　器に、あれば青じそを敷き 5 を盛り、たれを添える。

Point!

カリウムが多いじゃがいもとにらを組み合わせたチヂミ。同じくカリウムが多い白ごま、クエン酸が多いレモンも使い、むくみ解消効果をアップ。小麦粉不使用で血糖値の上昇も緩やか。

きゅうりとセロリ、にらのカットゥギ

大根を使わず、きゅうりなどの
むくみ改善食材で作るカットゥギ。

材料（作りやすい分量）

きゅうり…1本　　みょうが…1個
セロリ…1本　　梅干し…1個
にら…20g

A | 粉とうがらし（あらびき、
　　細びき）…各小さじ1
　| ナンプラー…小さじ2
　| おろしにんにく…小さじ1
　| かつおだしのもと…小さじ1
　| みりん…小さじ1
　| すり白ごま…大さじ1

作り方

1 きゅうりは包丁の腹でつぶして、縦・
横ともに4等分に切る。セロリは4cm
長さの斜め薄切りにする。にらは4cm
長さに切る。みょうがはせん切りにす
る。梅干しは包丁でたたく。

2 ファスナーつき保存袋にAを入れてま
ぜ合わせ、1を加えてあえる。

カリフラワーとズッキーニのナムル

カリウム豊富な食材を複数組み合わせた
海の香りの新感覚ナムル。

材料（作りやすい分量）

カリフラワー…150g
ズッキーニ…½本
みょうが…1個
韓国のり（八つ切り）…6枚
ちりめんじゃこ…20g

A | ごま油…小さじ1
　| すり白ごま…大さじ1
　| みりん…小さじ1
　| しょうゆ…小さじ1
　| おろしにんにく…小さじ1
　| 鶏ガラスープのもと…小さじ1
　| 黒酢…小さじ1

作り方

1 カリフラワーは食べやすい大きさに切
る。ズッキーニは5mm角の棒状に切
り、みょうがは細切りにする。韓国の
りはちぎる。

2 耐熱ボウルにカリフラワー、ズッキー
ニを入れてラップをふんわりとかけ電
子レンジで2分加熱する。

3 ボウルにみょうが、のり、じゃこ、A
を入れてまぜ、2を加えてあえる。

たけのこと
ひじきの梅ナムル

梅の酸味がきいた、さっぱりと
食べられる和テイストのやさしいナムル。

材料（作りやすい分量）

たけのこ水煮…120g
乾燥ひじき…6g
青じそ…5枚
梅干し…1個
A｜ごま油…小さじ1
　｜すり白ごま…大さじ1
　｜みりん…小さじ1
　｜おろしにんにく…小さじ1
　｜ダシダ…小さじ1

作り方

1 たけのこは7mm幅の短冊切りにする。
ひじきはぬるま湯に入れて、ラップを
ふんわりとかけ、電子レンジで2分加
熱し、水けをきる。青じそはせん切り
にする。梅干しは包丁でたたく。

2 ボウルにAを入れてまぜ合わせ、1を
加えてあえる。

水キムチ

複数のむくみ改善食材を使用し、
乳酸菌もとれ、腸活にも◎。

材料（作りやすい分量）

きゅうり…1本
セロリ…1本
かぶ…小1個
みょうが…2個

〈漬け汁〉
ヨーグルト（無糖）…400g
塩麹…大さじ1
乾燥とうがらし…1本
おろしにんにく…大さじ1
しょうが…20g

作り方

1 ボウルにざるを重ね、キッチンペーパ
ーを敷いて、ヨーグルトをのせ、3〜
4時間ほど冷蔵室において水分をき
る。その際に出た水分は捨てない。

2 きゅうり、セロリは乱切り、かぶはく
し形切りにする。みょうがは縦に4等
分に切る。

3 しょうがはせん切り、とうがらしは小
口切りにして、塩麹、にんにく、1の
水分の上ずみ液とともにボウルに入れ
る。2を加えて漬ける。（※ざるに残っ
たヨーグルトはギリシャヨーグルトとし
て食べる）

あさりとトマトの スープ

あさりのうまみと、トマトや酢の酸味が とけ込んだ、味わい深い一皿です。

材料（1人分）

あさり（砂出しずみ）… 100g
ミニトマト… 6個
しょうが… 10g
にら… 20g
乾燥とうがらし… ½本
たけのこ水煮… 40g
A｜かつおだしのもと… 小さじ1
　｜しょうゆ… 小さじ2
　｜酢… 大さじ1
　｜すり白ごま… 小さじ2

作り方

1 ミニトマトは半分に切る。しょうがは せん切り、にらはみじん切り、とうが らしは小口切り、たけのこは細切りに する。

2 なべに水200mlを入れて火にかけ、沸 騰したらにら以外の1、あさりを加え る。

3 あさりの口があいたらAを加えまぜ、 にらを加え、火を止める。

じゃことわかめの
黒酢スープ

むくんだときに韓国で飲まれるわかめスープに、
カリウム豊富な食材をプラス。二日酔いにも◎！

Point!

ちりめんじゃこ、わかめ、しいたけ、にんにくはすべてカリウムが多い食材。

材料（1人分）

ちりめんじゃこ…20g
乾燥わかめ…3g
しめじ…50g
たけのこ水煮…30g
ごま油…小さじ1
A｜ダシダ…小さじ2
　｜黒酢…大さじ1
　｜すり白ごま…小さじ2
　｜チューブにんにく…小さじ1

作り方

1　しめじはほぐす。たけのこは細切りにする。

2　なべに水200mlを入れて火にかけ、沸騰したら1、ちりめんじゃこ、わかめを加えてさっと煮る。

3　Aを加えまぜ、ごま油をたらす。

里いもの
チョリム

里いもと厚揚げのゴロゴロ食感が、おなかも
心も満たしてくれます。ほどよい辛さの中に
感じる梅干しの酸味がおいしさを引き立てます。

材料（2人分）

里いも… 5個
たけのこ水煮…100g
厚揚げ…150g
A｜コチュジャン…大さじ1
　｜鶏ガラスープのもと…小さじ2
　｜みりん…小さじ2
　｜酒…小さじ2
　｜おろしにんにく…小さじ1
　｜梅干し（つぶす）…1個

作り方

1 里いも、たけのこ、厚揚げは食べや
　すい大きさに切る。

2 なべに水150mℓを入れて火にかけ、
　沸騰したらAを入れる。

3 1を加え、5分煮る。

 Point!

野菜の中でも、カリウムの含有量がト
ップクラスの里いもを使用。たけのこ
にもカリウムが含まれている。梅干し
にはクエン酸が多く、リンパの流れを
よくしてむくみ改善をサポート。

Atsushi

ライフスタイルプロデューサー。ディーゼル、D&G、ヴェルサーチのPRを経て、独立。高い英語力、海外での豊かな経験を生かし、ファッション業界の第一線で活躍。ファッションの歴史やトレンド、美容、食に精通。現在はライフスタイルプロデューサーとしてナチュラルスキンケアブランド「abotanical」のプロデュース、テレビ、雑誌、イベント、ラジオなど幅広く活躍中。2012年、ジュニア野菜ソムリエ、タイにてタイ古式マッサージ資格を取得。'16年、漢方養生指導士初級取得、野菜ソムリエ中級試験に合格し、野菜ソムリエプロに。『#モデルがこっそり飲んでいる3日で2kgやせる魔法のスープ』(宝島社)をはじめ、美容に特化したレシピ、美容メソッドを掲載した著書は12冊。本書は13冊目の著書にして初の韓国レシピ本となる。

Instagram：@atsushi_416

ずるいほどキレイになれる美韓レシピ

令和6年2月20日　第1刷発行

著者　Atsushi
発行者　平野健一
発行所　株式会社主婦の友社
　　　　〒141-0021　東京都品川区上大崎3-1-1
　　　　目黒セントラルスクエア
　　　　電話03-5280-7537(内容・不良品等のお問い合わせ)
　　　　　　　049-259-1236(販売)
印刷所　大日本印刷株式会社

■本のご注文は、お近くの書店または主婦の友社コールセンター(電話0120-916-892)まで。
＊お問い合わせ受付時間　月〜金(祝日を除く) 10:00〜16:00
＊個人のお客さまからのよくある質問のご案内
　https://shufunotomo.co.jp/faq/

Staff

撮影
　神林 環、柴田和宣(p.12 ダシダのカット／主婦の友社)
スタイリング
　洲脇佑美
ヘア＆メイク
　今関梨華(リンクス)
調理アシスタント
　村上有紀
デザイン
　鈴木あづさ
　(細山田デザイン事務所)
取材・文
　和田美穂
制作協力
　吉澤 秀、船山美佳(IDEA)
韓国語表記協力
　川又 茜
編集担当
　小川 唯(主婦の友社)